わが荒ぶる人生

My Life & My Thoughts

神山郁雄
Kamiyama Ikuo

講談社エディトリアル

はじめに

私は現在（執筆時）七十二歳である。学生時代に全身全霊で打ち込んだラグビーは、計り知れないほど得るものが多く、それを礎とし、その後の社会人人生に大きな影響を与えてくれた。一方、身体面（体調）でいうと、ラグビーの後遺症なのかわからないが、四十代中盤から発症した腰痛、首痛などにいつも悩まされ、本当の意味でスッキリした日々が送れた記憶はない。常に表裏一体で生きてきたといっても過言ではない。しかし、よき妻、三人の子供、八人の孫にも恵まれ、総じて幸せな人生を送ってこられたことは、改めて、家族、そして多くの知己を得たラグビー仲間、また多くの苦楽を共にしてきた会社の先輩後輩、そしてステークホルダーの皆様に感謝を申し上げたい。

このたび、回顧録の執筆をすることになった。おそらく多くの人が疑心暗鬼になるだろうが、事実、私自身が一番感じていることだ。キッカケは二年前に遡る。ちょうど古希（七十歳）を迎えた時、学生時代に同じ釜の飯を食った同期や後輩が神楽坂のイタリアンレストランで祝いの会を催してくれた。「ルバイヤート」という店だが、この店名の由来はアラビア語で「四行詩」を意味するそうだ。盛大な会で友のありがたみも加わり、思わず心が熱くなったことを昨日のように覚えている。家に帰って妻に報告した際、大変喜んでくれたが、その後の一言で酔いが醒めてしまった。

「貴方、これまで波乱万丈に生きてきたのだから何か記しておけばいいんじゃない？」

と突然いわれたのだ。めったにそんなことをいう妻ではないが、意外と真面目な顔をしていたので「マジかよ」と思い、酔いの勢いで「そのうちに考えるよ」と答えたが、ズルズルと二年が経ってしまった。

ようやく筆を執る気になったのは、今年の五月に長男家族が来宅した時、中学二年生の孫（雄一）に、突然、「爺々《じいじ》、これまでどういう風に生きてきたのか聞きたいなあ」といわれ、困ってしまった。これまた「そのうちになあ」と答え、いつものように長男と酒を飲みはじめて誤魔化した。しかし数日経っても、孫のその一言が頭から離れず、ようやっとチャレンジしてみようと思った次第だ。

私の性格や生き様はこれから記述するが、周りの人から見れば、「強面《こわもて》」「頑固」「一度決心したら変わらない」「ケンカっぱやい」などなど形容には事欠かない。

私が長年にわたり愛した店が赤坂にある。「鮨処いとう」だが、そこの大将が岩手県盛岡生まれの生粋の寿司職人。十数年前に突然目が不自由になり、先行き不安な局面があり少し心配したが、女将の献身的な支え、そして厳しく育てた弟子たちによって、昔と変わらず繁盛する日々である。大将も、「店の顔」として毎日顔を出し接客に務める。突然の不遇にもかかわらず素晴らしい人物で、一流の寿司屋の主に昇り詰めた苦労人だ。年下だが、私を慕ってくれる一人でもある。高倉健の映画によく出てくる、名脇役（?）の小林稔侍風。何十年か前、「神山さん、貴方の好きな焼酎を仕入れておきました」といわれ、「何だ、それ?」と聞き返したら、「一本儀」という名の焼酎だった。思わず笑ってしまったが、ズバリと的を射たもので、その晩は二人で二本空けてしまった。今もたまに店をのぞきにいくが、いつも歓迎してくれる。

周りからの私の評価はだいたいそれに尽きるが、自分なりに分析すると、「真面目」「根は優しい」「義理人情に厚い」「苦しさは人に見せない」などと勝手に思っている。

昨今、一番憂いていることは、政治家たちの劣化である。とくに、自民党の裏金問題に対する意識の欠如は何をかいわんやである。無論、日本だけではなく諸外国も戦争を含め問題が山積しているが。とくに日本の政治家たちの意識は、この国の未来を担う、任せるに値するのだろうかと思わざるを得ない。「自分だけがよければ国民のことはどうでもよい」とまでは思わないが、美辞麗句を並びたてるが、実行力に欠ける。政治家がそうであれば、企業も同様に走る傾向が見受けられる。一部には、何歳になってもトップの座に居座り、それを取り巻く連中が、またしがみつく。企業が駄目になる最悪のパターンだ。無論、立派な企業も沢山あるが、その辺の意識の差で、十年、二十年後に優劣がついてくるのだろう。

なぜこんなことをいうのか。私は正義漢ぶるわけではないが、理不尽、曲がったことが許せない質《たち》だ。これまでも、そういう相手には、後先考えずに行動することがままあった。やや直情径行型で、あとでしまったと思うことも多々ある。今、スポーツクラブに通っているが、私が行く時間帯の利用者はほとんどが高齢者だ。皆元気で嬉しいが、たまにルールを守れないわがままな人間もいる。そういう時は注意するので、多少煙たがられているかも知れないが、これもまた許せないのである。

話が横道にそれたが、これから私の人生をふり返ってみたい。記憶の限り事実に基づき記していきたい。またできるだけ実名、そして敬称略で記していくのでご容赦願いたい。今日は二〇二四年六月六日だが、私は「六」という数字が好きなのだ。大学時代に背負った番号が「6」である。また今日は大安吉日で、そして長女の次男（洸己）の誕生日でもあり、この日を書きはじめとした。どういう風にまとまるのか、いつ書き終えるのか、不安だらけだが緒に就いてみたい。

わが荒ぶる人生　目次

第4章 引退後 60歳〜現在 ………237

第5章 私の思い………281

わが荒ぶる人生
My Life & My Thoughts

ブックデザイン
赤波江春奈＋日下潤一

第1章
宇高まで
誕生〜18歳

田舎のガキ大将

私は一九五二（昭和二十七）年一月三日、栃木県河内郡上河内村上小倉（現宇都宮市上小倉町）で生を受けた。当時、村の人口は一万人弱だったのだろう。父義男、母春江の三男坊として、長姉綾子、次女絹子、長男義美、次男秀夫に次ぐ五番目の子だ。のちに知ることになるが、長姉綾子は双子で生を受けたが、一人は生後まもなく早逝したとのことだ。家は一町歩（約一ヘクタール）足らずの農家（米作）であったので、生活は苦しく、両親は、農閑期には他の仕事にも精を出し、働き詰めの日々だったようだ。

五番目の私だが、成人した頃、母から笑い話のように聞いたことがある。出産が近づいたある日、便所に行った時のこと。当時の便所は母屋の外にあり、いわゆる〝ボットン便所〟といわれた頃だが、「このまま私を産み落とせば、少しでも生活が楽になる」と思ったそうだ。母はそのことを祖母にフッと漏らしたそうだが、祖母に烈火の如く怒られたそうだ。母は笑みを浮かべながら話をしていたが、私は顔がひきつったままだった。でも「こんなによい子に育ってくれて、産み落とさなくて本当によかった」といってくれたことで、ホッとしたことは忘れられない。

小倉小学校時代（前列右から二人目）

末っ子は甘やかして育てられるとよくいわれるが、私はそういう記憶はあまりない。だが、姉や兄たちにいわせると、やはり私はとくに可愛がられていたようだ。周りにいわせると、利発ですばしっこく、人気者だったという。一、二年生の時は、小倉小学校の上小倉分校で育ち、三年生から本校に登校することになる。

成績は大変よく、通信簿はほとんどオール5だったようだ。何年生だったか忘れたが、ある日知能テストがあり、母が担任の女性教師に呼ばれ説明を受けた。点数は覚えていないが高得点だったようで、母はたいそう喜び、「これからもっともっと勉強しなさい」といわれたことを思い出す。しかし実際は〝ウン〟と答えながら、勉強はあまり好きではなかった。反して、遊ぶことや運動は大好きで、体は小さかったが、運動会ではいつも人気の的だった。

遊ぶことに関しては、友達が多く、いつも大将気取りで、まさに田舎のガキ大将だった。とくに大好きな夏休みになると、宿題は七月中に終わらせ、あとは遊ぶだけ。近所の仲間（五〜八人ほど）を集めて昼飯を食べると、鬼怒川で泳ぎ、魚獲りに興じる。いったん家に帰るが、夕方からは空き地で草野球を楽しみ、暗くなるまで遊ぶ。この繰り返しだ。ちなみに、黄金色に染まった稲穂の刈り取りが終わる秋には、草野球の場は空き地から田んぼに変わる。いつも親から小言をいわれたが、魚（鮎・鰻など）を獲ってくると、親父は嬉しそうな顔をしていた。近所の仲間も現在七十歳前後になっているが、今でも私の話をよくするそうだ。

この頃を思い出すと、今どきの子供たちにもこのような経験をさせてやりたいと思うが、現在の環境を考えると、二度とこのような光景は見ることができないだろう、と寂しい気になる。

そんな小学生時代も終わり小倉中学校に進むが、小学校から全員同じメンバーである。中学・高校時代は後述するが、ここでわが家族にふれたいと思う。

父のこと母のこと

祖父要次郎は、私が生まれる前に中風（脳卒中）で亡くなっている。写真で見る限り、面長の二枚目であり、次兄秀夫は祖父似とよくいわれる。祖父の人となりはあまり聞いたことはない。祖母サワは、恰幅のよい素晴らしい人で、祖父亡きあとは、六人の子供を貧しいながらも立派に育て上げた。孫たちにも常に優しく、私もよく面倒を見てもらったことを覚えている。小学校から帰ってくると、おやつに大きな味噌にぎり飯を作ってくれて「食べれ！　食べれ！」と勧めてくれたことを思い出す。八十二歳（私が大学一年生の時）で亡くなったが、いろいろな意味で大黒柱だったように思う。

昔は、とくに田舎は、大家族主義で、母屋で全員が生活していた。朝から晩まで働き詰めだった両親に代わって、子供たちの面倒見役は祖父母だったのだろう。私は祖父を知らなかったので、祖母にいろいろ教えてもらった。ある面で、祖母は家庭内教育者だったのだろう。当時田舎の子供はそうして育ってゆくのである。だが、現在は田舎でも核家族化が進み、長男が結婚すると、両親や祖父母は母屋に住み、長男夫婦やその子供は同じ敷地内だが別棟を建て、生活はまったく別にしている家族が多く見られる。それを見ていると、なんともったいないことをするのだろうと思う。

さて父義男は、一九一六（大正五）年生まれの次男だったが、長男が大相撲の世界に入ったため（後述）、神山家を継ぐことになる。父は中肉中背だが、筋骨隆々の典型。兄弟皆同じで母親譲りと思われる。私もその血筋を受け継いだことは間違いないだろう。

父は、第二次世界大戦に出征した。何年間かは定かではないが、中国が戦地だった。多くを語ることはなかったが、奥鬼怒に戦友が住んでいたので、たまにオートバイを運転して訪ねたようだ。

一度だけ、当時の写真を見たことがある。馬に跨がっている姿だったが、なかなかの二枚目。とにかく真面目に仕事をする。一町歩足らずの米作だけでは、八人家族を養っていけるはずもなく、農閑期には建築関係の仕事にも精を出す。他にも養豚業を営み、正月を除き働き詰めの日々だった。建築関係の仕事も大いに評価され、やがてリーダー格になっていく。村民からの信頼も厚く、本人はあまり好きではなかったと思うが、よく担がれて、村の選挙では参謀役をやらされていた。また腕っぷしも強く、当時は全面的に信頼されていたのだろう。

腕っぷしといえば、当時村民の相撲大会があった。父と叔父（四男）の神山温作が毎年出場し、毎年のようにどちらかが優勝する。時には兄弟決勝戦があり、大いに盛り上がるが、ここは当然ながら（?）兄の貫禄勝ちといったところか。

私にとっての父は本当に怖い存在で、めったに笑顔を見たことがない。曲がったことが嫌いなので、少しでも間違ったことをすると、ゲンコツが飛んでくる。また負けず嫌いなのは他に類を見ないだろう。私が高校生の時、不良グループ三人に自転車での帰宅途中に襲われた。一対一では勝てなかったからだろうが、結構殴られた。帰宅して私の姿を見た父は一言。「これでやっつけてこい」と鉈《なた》を渡された。さすがにそれを持って引き返すことはなかった。

父はタバコもやらず、酒もコップ一杯。一升酒でも飲めるが、ぐだぐだしているのが嫌なのと、家族の長として心に決めていたのだろう。反して、人に勧めるのは大好き。わが家で酔っている客を見ると、「何で自分は飲まないのに、客に勧めるのだろう」と思ってしまう。不思議な人である。人には見せないが、優しい面を持っていたのだろう。とくに、メジロ、シジュウカラ、ヤマガラなど、小鳥を愛でるのが大好きで、鳥籠をのぞいている姿は、実に微笑ましいものであった。

母春江は、一九一八（大正七）年生まれ。この年は、奇しくも早稲田ラグビーが創部した年。上河内村の大木家から嫁いできた母は、若かりし頃東京で働いていたことがあり、聞かされた時はビックリ‼　当時、同村から女性が東京に行くなんてことは、おそらくなかったのではないか。まさに勇気がある、そしてハイカラな女性だったのだろう。たまに「銀座の柳」の話を聞かされた。母の妹も東京に行き、結婚して蒲田に住んでいた。大木家の子供はなかなかの発展家だ。

その後母は帰郷し、父と結婚して五人の子供に恵まれた。恋愛結婚説が強いが、当時としては珍しいことだった。母も父同様、よく働く女性で、家事、田畑仕事、農閑期には父といっしょに建築関係の仕事の手伝いをした。何でも一生懸命に働く。東京帰りに田舎での家事が務まるのか想像できないが、何をやっても凄い人であった。家事は祖母に教えを受けたはずだが、何を作っても上手だった。味噌作り、納豆作り、郷土料理の鮎寿司、しもつかれ、漬物の数々、キンピラ他の煮物など何を作っても一流。後述するが、義姉がこれらをしっかり受け継いでくれたことは、まことにありがたくいつも感謝している。また食の中心である米（飯）は、この地区の土壌と水質に恵まれたおかげで美味だ。「コシヒカリ」は、東京の寿司屋で重宝がられていたという話をよく聞いたことがある。

母は、組内の人からも尊敬されていたほどで、私が貧乏ながらも、グルメ（?）に育ったのは、本当の味を知っているからかも知れない。父同様母もきれい好きで、家の中はよく整理整頓されていた。

当時の農家は、耕運機の代わりに牛馬が主役を務めていたので、母屋の端には、牛馬専用の部屋があった。家族の一員という意識があったのだろう。その小屋も清掃が行き届いており、臭いを感じたことはあまりない。

また子供たちも、貧乏の割には、それなりの服を着て、身なりもよかったようだ。のちに感じるが、どう金の遣り繰りをしていたのか不思議でならない。

そして、両親は子供の教育、躾にも厳しく、子供の将来を常に考えていてくれたのだろう。自分たちは、尋常高等小学校を出ただけなので、子供への教育に関しては金を惜しまず、村内でも教育一家として尊敬を集めていたと思われる。子供たちも、その期待に応え、心身共にスクスク育っていったようだ。

私に影響を与えた伯父

ここで私に大きな影響を与えてくれた伯父伯母にも少しふれたいと思う。まず母方の生家は、同村の上組にある。神山家は中組である。母方の生家は、自転車で十数分のところにあるが、思い出はそれほどない。ただ、たまに遊びに行くと祖母が小遣いをくれたことを思い出す。また母の甥っ子大木利美は、神山家が大好きで、よくわが家に来ては、酒を飲み、大声で話をしていた。多少乱暴な気はあるが、裏表がなく話が面白く、また母の信頼も厚く、私は大好きな従兄弟であった。

私に大きな影響を与えてくれた父方の伯父について述べていきたい。父の兄甚一郎は、神山家の長男として一九〇七（明治四十）年に生を受けた。両親は猛反対したようだが、貧しかった家族を思い、十八歳の時に角界入りを決意した。入門先は、栃木県が生んだ名横綱栃木山が、出羽海部屋から分家独立して興した春日野部屋だ。「栃ノ峰」の四股名で初土俵を踏んだ。「栃木県が生んだ名力士」の文献によると、身長五尺六寸（一七〇センチ）、体重二十二貫（八二キロ）。相撲巧者で、最高位は十両八枚目だった。

真面目な人柄と巧みな技能が相撲協会の目に留まり、ロサンゼルス、ハワイの在留邦人に対し、相撲指導の命を受けた。アメリカ生活は三年に及んだ。帰国後、三十歳を超えたところで、体力の限界を感じて引退する。三十三歳だった。

引退後は、しばらく後進の指導にあたっていたが、まもなく相撲界から身を引く。そして縁あって、警視庁に勤務し、定年まで全うした。勤勉な態度で、新たに柔道六段を取得し、後輩からも慕われたようだ。

栃ノ峰の名を後世に知らしめたのは、のちに春日野部屋に入門した一人の新弟子によってだった。彼の名は大塚清。のちの大横綱栃錦であり、日本相撲協会春日野理事長である。栃ノ峰の指導は、徹底した基本重視の指導で、最初は明けても暮れても四股と鉄砲だったそうだ。栃ノ峰が稽古場に降りてきて、大塚が汗をかいていないと、土俵で稽古をつけてくれないという徹底ぶりだった。栃ノ峰の持論は「今勝ってもしょうがない。五年後の稽古をやれ！　五年後に勝つのが、本当の稽古だ！」と。

一方で、若手力士には優しい面を持っていたようだ。大塚が勝ち越しを決めると、たいそう喜び、「(出身地の東京小岩の) 実家に報告してこい」と、電車賃と自分が身につけていた帯と雪駄を渡したという。栃ノ峰の人柄がしのばれる一面である。大塚のその後は、語るに及ばず、大横綱そして協会理事長へと大出世する。春日野理事長はこの恩を決して忘れず、伯父が晩年入退院を繰り返していた際、よく病室に訪れたという。伯父が七十七歳の生涯を閉じると、春日野理事長は兄弟子の死に報い協会葬で弔ったそうだ。

また伯父は、アメリカから帰国した際、自分が継ぐべきであった実家を建て替える一切の費用を負担したようだ。実家を任せた弟義男へのせめてもの罪ほろぼしの気持ちだったかも知れない。当時としては、近在にもめったにない立派な屋敷だったといわれている。

伯父にとって、一つだけ無念だったのは、六人の子供のうちの三人を東京大空襲で、二人を病気で失ったことだろう。伯父伯母の心中は察するに余りある。現在、一人残った末っ子の光子は川越で健在だ。

父義男と母春江。孫の亜希子と

私にとっての伯父甚一郎は、誇り高き大好きな大好きな人である。晩年、栃木の実家によく帰ってきて、義男はじめ弟たち、そして私たち甥や姪相手に大好きな酒を片手に饒舌に話をされ、思わず聞きほれたものだ。母春江の手料理がお気に入りで、母も嬉しかったようだ。伯父は、自分の子供たちが不幸だったこともあり、私たちを自分の子供のように感じていたのだろう。余談だが、伯父の作る〝モツ鍋〟は絶品だった。

伯父の存在は、私にとっていやがうえにも心を動かされ、角界は別格だが、スポーツに真剣に取り組むことになる。早稲田でラグビーをやることになるが、知らず知らずのうちに、伯父の魂が乗り移っていたのだろうか。

大学卒業式には、両親と共に伯父が早大大隈記念講堂に駆けつけてくれた。ラグビー部が早稲田大学の名誉ある「小野梓記念賞」をスポーツ部門で受賞し、私が主将として代表で受け取った際、伯父の顔が一瞬見えた。伯父は「ウンウン」と頷いたようで、私も思わず涙がこぼれた。

田舎の実家の一番奥の部屋に床の間がある。少しうす暗い部屋だが、部屋の壁に祖父母、父母の写真が飾られている。そして、それに並んで、三枚の写真も飾られている。中央に伯父の栃ノ峰関、右側に栃木山、そして左側に栃錦、両横綱の現役時代の写真だ。この部屋には、今でもめったに入らないが、入った時はなぜか神々しく感じるものだ。

神山家の血筋

もう一人、影響を受けた叔父がいる。三男鈴木藤作である。藤作は宇都宮で鮮魚商を営む鈴木家に婿養子に入る。行商から始めて苦労の連続だったようだが、のちに宇都宮卸売市場の理事長まで昇り詰め、二十年間にわたり務め上げる。いわば立志伝中の人だが、叔父もご多分にもれず実家によく顔を出した。若かりし頃の武勇伝、理事長にまで昇り詰めた話を聞くのが楽しみの一つだった。同じような話題が多いのだが、なぜか毎回面白いのだ。巧みな話術に引き込まれ、最後は皆大笑いである。十代の頃、村の守り神である羽黒山の山頂にある神社に、一人で何ヵ月も泊まり込んだという。普通の人であれば、大杉に囲まれ、真暗闇の中、とても一夜たりとも泊まれなかっただろう。

また、大学時代の話だ。当時は村から大学に行くことは皆無の時代だが、日大の夜学に通っていた頃、よく浅草などでヤクザ相手に喧嘩をしたそうだ。腕っぷしの強さは、兄二人にも劣らなかったらしい。

第二次世界大戦で送り込まれた戦地ニューギニアは想像を絶する激戦地、帰還兵はわずかだったがその数パーセントに含まれていた。しかし、戦争の詳細は、父同様多くを語ることはなかった。思い出すたびに顔が浮かんでくるが、九十二歳で亡くなるまで、凄絶な人生を歩んできたのだろうと、いまさらながらに思う。人生観、気っ風のよさ、度胸など挙げたらキリがないが、人を引きつける魅力満載の人だった。実家で食事をし、話し終えると、最後に聞き賃として必ず小遣いをくれるので、それも子供心に嬉しかった。

最後は、七十歳で始めたゴルフに興じ、人生を全うしたことは、私も誇りに思う。

私は、両親は別にして、甚一郎と藤作の血を引くことができて幸せ者だ。

四男の温作も、兄同様、これまた腕っぷしの強い村の人気者で、村内で鮮魚商を営んでいたが、心配の種が尽きず、スケール感では兄三人には及ばなかった。

叔母のミチは大貫家に嫁いで、産婆さんを長いことやり、数多くの子供を取り上げた。夫の大貫は剣道の師範で八段を持っていた。小さい頃、母から聞かされたが、私の「郁雄」は大貫が命名してくれたという。意味と字画がよいということで、今でもたまに「郁男」とか「郁夫」に間違えられるが、その時は相手にハッキリいうことにしている。

次女の叔母ウラは、実家の隣町の赤羽家に嫁ぎ、二人の子供のうち一人が病弱で苦労したようだが、美人の叔母で、私は本当に可愛がってもらった。ウラの長男敏夫（従兄弟）は三歳違いの兄貴分である。敏夫はなかなかの男前で、中学・高校途中までは野球部のエースで四番を打っていた。将来を嘱望されたが、一時体の不調で断念した。酒と喧嘩が滅法強く、三菱製鋼でサラリーマン人生を送った敏夫だが、「その道」に行っても、それなりの人物になっただろう。私とは昵懇《じっこん》の間柄だ。

少々長くなったが、どうしても記したかったのでご容赦願いたい。

私の兄姉

私の兄姉についてもふれていきたい。長女綾子は、前述のとおり双子で生を受けたが、一人が生後まもなく病死した。その分も背負って生きてきたようで、心身共に強い女性だった。子供の頃より、家の手伝いをよくしたようで、また勉学にも励んでいたようだ。県立宇都宮中央女子高校（宇都宮女子高校に次ぐ名門女子高）に進学。学校は家から片道二〇キロほどの場所にあるが、経済的にもバス通学は許してもらえなかった。当然自転車での通学になるが、姉の凄いところはここからだ。当時の道路状況は、アスファルトではなく、砂利道だ。姉は雨の日も雪の日も、台風でも一日も休むことなく、一日も遅刻することもなく、三年間、正真正銘の皆勤賞だった。その快挙は、宇都宮市内から通っていた生徒も含め、ただ一人だったそうだ。家に帰ってからも家事手伝い、そして弟たちの面倒をよく見ていたそうだ。いつ寝て、いつ起きて、何時に家を出たのだろう。私は、小さいながらも不思議に思ったものだ。その精神力は、亡くなった妹の分も含めて、そして両親に対しての精一杯の孝行を、と誓ったからだろう。

高校卒業後は、宇都宮市内の老舗、「上野百貨店」に勤務する。さすがにバス通勤になったが、無駄な金は使わず、家庭に入れていたようだ。体力は無論だが、素直にいうと、美人で、バスの中でも恋い焦がれる男性もいたとか。何年後か、加藤伸志に見初められて結婚することになる。加藤家は由緒ある家柄で、伸志の父伴四郎は、栃木県教育委員長を務めた方である。

姉は加藤家に入り、義父、義母、夫に仕え、三人の子供にも恵まれ、現在八十歳を超えても健在だ。伸志は私の高校の先輩であり、長女佳子は宇都宮女子高から東京外国語大学へ進み、卒業後はテレビ朝日に勤務している。これも何か縁を感じざるを得ない。加藤家は、宇都宮高校の近くに広大な敷地を有し居を構えている。私は高校時代、たまに立ち寄って姉から小遣いをもらったものである。

次女絹子は、綾子とは四歳違い。絹子は姉とは違い（誰も綾子のまねはできないが）、少し神経質な面があって身体も頑健な方ではない。高校は、姉を慕ってか中央女子高を受験した。しかし、合格間違いなしといわれていたが、受験日当日に体調を崩し、まさかの不合格。落胆ぶりは可哀想だったが、気分一新、私立の作新学院に進む。

絹子も、私の贔屓目ではないが、姉同様に美人だ。絹子は、綾子とは違い、また両親が心配したのだろうか、バス通学が認められた。車中では、同年代の男子から人気の的だったようだ。作新学院では特待生クラスで、卒業後東京の短大へ進み、その後、縁あって北海道銀行（東京支店）に就職した。下宿先は、前述した伯父甚一郎宅であり、伯父伯母も娘同様に可愛がってくれたそうだ。恋愛もあったようだが、いったん帰郷し見合い結婚をした。相手は、私の中学時代の先生（隣組の担任）の手塚初男である。手塚は、絹子の五歳上だが、高校受験では、宇都宮高校に失敗し、姉同様、作新学院に進んだ。その後宇都宮大学に進学し、教師となった。

その一人息子は宇都宮高校に進学し、現在中学校の教師だ。不思議といろいろ縁を感じる。手塚は、超真面目な性格で、私はもとより、わが家の家族に対し、いつも気配りを忘れない優しい人だった。釣りが好きで山菜採りの名人でもあり、旬のものをよく持ってきてくれた。残念ながら、七十六歳で他界したが、葬儀で私は弔辞を述べた。絹子は健在で、私たち夫婦が実家に帰ると必ずといっていいほど来てくれる。実に楽しい一時である。

長男の義美は私とは三歳違いだ。義美は宇都宮東高から神奈川大学へ進学する。高校への通学は、姉とは違い電車通学だった。最寄り駅は氏家駅で、家から約五キロ。駅まで自転車で行き、電車に乗る。なにしろ電車の六ヵ月定期代は、バスの一ヵ月分に相当する。鬼怒川沿いの堤防上の砂利道を自転車で行くわけだが、帰り道、とくに冬場の北風は、本当に身に染みただろう。数年後、私も同じ経験をすることになる。

義美は大学在学中法律の勉強をしながら、貧乏学生ゆえ当然バイトにも精を出す。蒲田の古いアパートの三畳一間は、風呂なし共同洗面所の文字どおり貧乏学生の住まいだった。この頃から商才があったかどうかわからないが、人を引きつけるのがうまく、それなりに稼いでいたようだ。兄が大学四年生の時、私は一年生だったが、蒲田に金をせびりに行くと、美味しい洋食をご馳走してくれて小遣いもくれた。帰り際、「頑張って早くレギュラーになれよ」と励ましてくれたものだ。

兄は大学卒業後、実家に戻り、宇都宮裁判所に勤務する。神山家の跡取りだが農業だけでは食っていけず、この頃から兼業農家になっていくのは必然なことだったのだろう。

勤務時代の様子は知る由もないが、一度だけ兄に大迷惑をかけたことがある。私が大学一年時のオフに、帰省していたときのことだ。友人といっしょに行ったボウリング場で、チンピラともめて思わず相手を殴ってしまった。深夜だったが、ボウリング場近くの警察署から通報を受けた警官三、四人が駆けつけて補導されてしまった。二、三時間の取り調べののち、注意されて終わったと思った。しかし、大学に戻りラグビー寮で通常どおりの生活をしていたある日、一本の電話が入った。事件から二ヵ月後ぐらいだったと思うが、宇都宮家庭裁判所からの呼び出しだ。当然出向いたが、取り調べの段階で家族構成を聞かれた。兄の勤務先を聞かれたが、すぐにはいい出せず口ごもった。何度も聞き返され、仕方なく「ここです」と答えた。二、三度、やりとりが続いたが、相手もようやく理解したらしく、「え?」というような顔をした。そのおかげかはわからないが、結果的に許しを得た。笑い話のようだが、以後兄には頭が上がらなかった。

裁判所に十年ほど勤めたあと義美は転職した。両親は相当怒ったようで、兄も少し未練があったようだが、皆に黙って叔父の藤作と話を進めていたようだ。株式会社鈴万の社長であり、宇都宮卸売市場理事長である叔父は、自分の長男が本腰を入れないこともあり、また義美の商才を見抜いていたのだろう。かなり強引なやり方もあり、母は最後まで反対していたが、結局叔父が兄義男に頭を下げ、一件落着となった。母は世間体もあり、裁判所勤務を辞めることには許し難いものがあったのだろう。

公務員から魚屋への見事な転身(?)を図った義美は、その後株式会社鈴万の取締役、常務として期待どおりの働きをみせ、叔父藤作の面目躍如といったところか。

一方で、兄は何事も過信する嫌いがある。とくに、健康面でのちに苦労することになる。詳しくは省略するが、腎臓病を患い、長い間透析する羽目になる。しかし、兄は強運の持ち主なのだろう。ドナーを待っていたある日、自治医科大学から連絡があった。あるドナー提供者と、兄の数値がピタリ合致したのだ。直ちに移植手術が始まり、大成功。その後は至って健康体だ。よく宝くじを当てるより、また米俵から一つの赤い米粒を探すより難しいといわれるが、奇跡が起きたとはこのことか。

兄を結婚以来ずっと支えてきた、義姉栄子にもふれておきたい。栄子は宇都宮市内で肉屋を営んできた海老沼家の三姉妹の長女として生を受けた。本来ならば、家業を継ぐところだが、神山家に嫁いできたのだ。農業も一度もやったことがない町娘が、なんの魅力を感じたのか。それほどまでに兄に惚れたのか、本音は聞いたこともない。

両親はまだ健在の時期で、両親との同居で苦労は絶えなかったと思う。しかし、持ち前の明るさ、豪快な笑い、そして宇都宮女子高出の聡明さを武器に、日に日に田舎の生活に溶け込んでいった。そして数年後には、田畑の仕事を立派にこなすようになる。また、家事や料理についても、母の厳しい指導の下、修業した結果、今では郷土料理などは地元でも名人級といわれるまでになった。両親もここまでやるとは想像すらしていなかったと思うし、私たち兄弟の心配も杞憂に終わったのだ。

ただ残念なことに、子宝には恵まれなかった。神山家の跡取りができずに兄夫婦も相当悩んでいたようだが、これればかりはどうしようもない。母もうるさくいってしまった時期もあったが、それでどうなるものではない。ただ私は、両親や兄夫婦の気持ちが痛いほど理解でき、兄の代で神山家が終わってしまうことは耐えられない思いが日に日に募っていった。その後、私たちの三番目の子供を養子に出すことにする。それについては後述するが、兄夫婦そして両親の思いは、嬉しさと同時に複雑な思いだったのでは、と想像する。

さて、義姉は県内でも指おりの書道家である。わが家にも義姉から贈られた掛け軸がある。「雲帰山水帰海」という書で「雲山に帰る、水、海に帰る」と読むが、「いつでも故郷（田舎）に帰ってきてください」という意味だ。その言葉を胸に、毎年定期的に里帰りをし、田舎料理を肴に飲む酒は格別であり、至福の時だ。また、私たちの子供・孫も田舎のことが大好きなのは何よりだ。

兄弟の最後に、次男秀夫について述べたい。秀夫は祖父似で、面長の今でいうイケメンだ。私とは一学年違いの年子で、宇都宮高校に進学し、私の一年先輩だ。高校時代は音楽好きな気取った若者で、スポーツをやっていた私とは共通の接点があまりなく、いっしょに行動することはなかった。高校は男子校だったが、他の高校の女生徒にモテたようだ。実は私は何人か知っていたが、知らぬ存ぜぬを決め込んでいた。

秀夫は法政大学に進学し、卒業後は中堅の商事会社に勤務する。大学時代には、バイトに精を出し、六本木の喫茶店でも働いていたことがある。バイト先では、やはり女性の人気の的だったようだ。これ以上は、兄家族に迷惑がかかるので、このあたりでやめておく。

商社勤務後、五十歳頃に退職して自分の会社を興した。商社での経験を生かし、穀物関係を取り扱う「株式会社神商」である。子供二人を社員とし、家族経営だが立派に経営しており、安心している。昨今は、めったに会う機会もないが、便りもないので元気にやっているのだろう。

この辺で、家族関係の話を終えて本筋に戻りたい。

バレーボールに精を出した中学時代

当時の上河内村には二つの中学校があった。一つは羽黒山の麓に位置する「鶴ヶ峯中学」で、もう一つは田園地帯の中央に位置する「小倉中学」だった。この二つの中学校は私が中学三年生のときに合併し、上河内中学校となる。

上河内村は山と川（鬼怒川）に挟まれ、米作に適した肥沃の地で、住民も優しく、のんびりした人が多い。

ここで、羽黒山と鬼怒川の由来について少し述べたい。羽黒山といえば山形県の羽黒山を連想する人が多いが、こちらの羽黒山は標高四五八メートルの山だ。本家の羽黒山は修験道を中心とした山岳信仰の場として有名だが、大昔、それを全国に広めようと、ある大男が分身を背負って国を出たそうだ。ところが、上河内村に着いたところで大きな沼にはまって動けなくなり、わが故郷にある「羽黒山」になったという。大きな沼は、現在も「芦沼」という地名で残っている。私たちはこの言い伝えを、子供の頃からよく聞かされてきた。

この村の守り神である羽黒山を祀る祭事が年一回行われる。子供の頃は、二日間連日で開催され、初日は、学校が休校になった。現在は十一月の第三土曜日の一日限定だ。「梵天祭り」と称されるこの祭りは、五穀豊穣を祈り、巨大な孟宗竹に飾りをつけ、地区ごとに若衆を中心にメインストリートを練り歩き、最後に、羽黒山山頂の神社に梵天を奉納する。多い時は、二十本以上の梵天が奉納されたようだ。

当時は、メインストリートの両側には、多くの露天商が立ち並び、一万人の村に、この日は五万人以上の観客が押し寄せ、村民と一体となって異様なまでの盛り上がりを見せた。私は、故郷を出たあとも、妻子を連れて何度か見物に行ったが、現在は、梵天の数も少なく、当時の盛り上がりとは幾分違うなと感じ、少し寂しい思いがした。

鬼怒川の由来は、元々「絹川」「衣川」とも書いていたそうだが、現在の「鬼怒川」になったのは、普段おとなしい川なのに増水すると、激しい流れと、岩が転がってぶつかる音などから「鬼が怒っているようだ」と言い伝えられ、現在の「鬼怒川」に名が変わったようだ。ちなみに上河内は、鬼怒川の上中流のところに位置する村だ。

さて、私は小倉中学校に進むが、ほぼ全員が小倉小学校からの仲間だ。一学年百二十人ほど、一クラス四十人ほどの三クラス編成である。相変わらず勉強はしなかったが成績は常にトップクラスで、三年間学級委員を務め、三年時には生徒会長を任された。

担任にも恵まれ、なかでも三年時の永野先生は素晴らしい先生だった。高校に進学しても先生を慕って、毎年のようにクラス会を催した。とくに思い出すのは私が大学二年時のことだ。当時、成人の日は一月十五日と決まっていたが、ラグビーの日本選手権と重なり、出席がかなわないと思った。しかし、それを聞いた永野先生や仲間たちが私のために、成人の日の祝賀会を後日開催にしようと図ってくれた。めでたく日本一になったので、その席に大喝采で迎えられ、大いに盛り上がったことを、昨日のことのように思い出す。友とは本当にありがたいものだ。

私は、中学生でのクラブ活動はバレーボール部に入部した。当時は、九人制で、ポジションが固定されるため、背丈のない私でも十分に通用した。成績は、宇都宮・河内地区で中程度だったのではないか。仲間の大森貞男は宇都宮工業高校、赤羽博行は宇都宮農業高校でもバレーボールを続け、主将を任されるまでに成長していった。

一九六四年、東京オリンピックで「東洋の魔女」と謳われた女子日本が金メダルを獲得したこ

小倉中学校時代はバレーボール部に所属した（後列左から4人目）

ともあり、当時バレーボール人気は凄かった。当時のユニフォームはランニングシャツで、当然ながら土のグラウンドでの練習である。見よう見まねで、回転レシーブに取り組み、肩のあたりの皮がボロボロになったことを覚えている。

チームメイトとは本当に仲がよく、また野球部の高橋恒徳など、他運動部にも多くの仲間がおり、本当に楽しい青春の入り口時代を送った。

一方で、三年時になると高校受験が控えているので、嫌な勉強にも精を出すことになる。私は朝型の人間なので、晩ご飯を終えると眠くなる質で、八時頃には寝てしまう。そこで、翌三時頃に起きて勉強する。何より静かで集中でき、効率がよかったのかも知れない。それでもなかなか起きられないので、祖母にお願いすることにした。祖母は二つ返事で了解してくれた。目覚ましもないのにどうしてわかるのか、毎朝キチッと三時に起こしてもらった。祖母のありがたみは沢山あるが、このこととおやつの味噌おにぎりのことは、終生忘れたことはない。この習慣は、大学受験まで続いていく。

高校は宇都宮高校を受験した。ほとんどの人が作新学院などの私立高校との併用受験（いわゆるスベリ止め）だが、私は一本に絞った。不合格であれば、親には内緒にしていたが、就職しようと心に決めていた。とくに母は、合否発表の日まで心配して夜も寝られなかったようだ。

受験当日、最初の科目が国語だったが、緊張したのだろうか。最初の問題の意味がわからず、一瞬頭が真っ白になりパニック寸前だった。だが、得意（?）の漢字問題に目を向けたところすべてクリアできたので、その後は平常心に戻り他の問題に進むことができた。他の科目も、ある程度手応えがあった。

後日発表があり、両親は見にいかず、私一人で行くことにした。結果的には、叔父藤作の三男が私の同期で、宇都宮高校を受験していたため、叔父と二人で行くことになった。三男はまったく手応えがなかったのか、見にも来なかった。音楽の道へ進みたかった彼は、手前だけの受験だったのかも知れない。彼はのちに思いを実現して立派な音楽家になる。余談だが、叔父の子供たちは、なぜか音楽一家である。母の影響を受けたのだろう。

さて結果だが、私の受験番号を合格板に見つけ、叔父の顔を見るのは少し辛かったが、二人で顔をクシャクシャにしながら抱き合った。

急いで帰宅し、両親と祖母に合格を報告したときの三人の顔は忘れられない。

そして、いよいよ生活の場が、上河内村から宇都宮市に移っていく。ちなみに、子供の頃は、宇都宮市に行くことはめったになく、年に一、二回ほどだった。

念願の宇高に入学

一九六八（昭和四十三）年、念願の宇都宮高校（以下、宇高《うたか》）に入学する。受験での成績は思いがけずよかったようで、二桁台で入学したとのちに判明する。一学年は、約三百三十人で、七クラス、一クラス五十人弱。二年時から理系と文系に分かれ、理系組が四クラス、文系組は三クラスだった。私は二年時から文系組になるが、それはさておき、いよいよ高校生活に入っていく。

まず、宇高の歴史を紹介したい。宇高は一八七九（明治十二）年創立。一八八五年に、宇都宮市滝の原に移転し、二〇二四年に創立百四十五年を迎える歴史と伝統を誇る男子校だ。一一万平方キロメートルを超える広大な敷地内（公立校で全国最大規模）は、ユリノキの巨木をはじめ、桜、欅、杉、楓、ポプラなど、数千本に及ぶ緑に囲まれている。昼休みの時間などで散歩するには、格好の場所だ。

教室棟、管理棟などは、すべて二階建てで、赤煉瓦で蔽われている。正門の向かいには、旧本館の「白亜館」がデンと構えている。また同校の卒業生の寄贈により建てられた図書館「報恩館」は学生に親しまれている。寄贈者は元日清紡績社長で、晩年根津美術館理事長を務められた宮島清次郎だ。他に「講堂」「自修館」など、景観も素晴らしい建造物が配置され、静謐でゆったりした環境である。

宇都宮高校時代

グラウンドが広大なのも気持ちをゆったりさせる。野球場、四〇〇メートルトラック、トラック内にはサッカー、ラグビーの練習場があり、体育館も別途備えている。グラウンド脇には、各クラブの部室がズラリと並んでいる。また、メイングラウンドの他にもう一つのグラウンドがある。宇高への最寄り駅は日光線の「鶴田駅」（宇都宮駅から一駅）だが、この日光線を挟んで、サッカー、ラグビーでも使用できるグラウンドがある。校庭の中を電車が走るのは、あまり聞いたことがない。

宇高の教育基本に「瀧の原主義」がある。この主義は、剛健なる真男子である「瀧の原主義」を育成することである。加えて戦後まもなく、時の校長の下、四つの生徒指標が作成され、現在まで宇高生の心の拠り所となっている。「和敬信愛」「質実剛健」「自律自治」「進取究明」の四つだ。生徒は、ほぼ一〇〇パーセント大学へ進学し、卒業後は多士済々、各分野で活躍している。

現役政治家では、船田元（祖父は元衆議院議長の船田中）、立憲民主党の枝野幸男が活躍している。ただこれまで、栃木県出身の総理大臣は生まれていないので、今後、宇高出身の政治家に期待をしている。

宇高生の特徴の一つとして、下駄履きがある。無論靴でも構わないが、ほとんどの生徒が下駄履きだ。いつからそのような風習になったのかわからないが、季節問わず下駄履きで通す。私は真通学に一時間ほどかかるのと、氏家駅まで自転車を利用するので、冬場はとにかく辛い。足は真っ赤になるが、何事もなく飄々としているのが「男らしい」のである。一般的には、竹張りの下駄が多いが、私は三年時には、白鼻緒の八寸（約二四センチ）の高さの下駄を履いていた。歯の減りが遅いのと、いいいい、それなりの生徒が履くものだった。

間違えてラグビー部に

私は入学時こそ好成績だったが、「入学してしまえば何とやら」で、相変わらず勉学には身が入らなかった。理数系の教科にはまったくついていけず、早くも文系一本に絞った、というより絞らざるを得なかった。とくに物理とか化学の教科は、中間・期末テストではいつも赤点で、よく追試をやらされた。

一方で、なぜか世界史が好きだった。当時、宇高出身で東大の哲学科を出た、黒沢先生という大変厳しいながらも、ユーモラスな先生がおり、興味をそそられた。この科目のみ成績がよく、唯一自慢できた。この先生の問題は大変難解なのが評判だったが、私は三年の期末テストで一番を獲ったことがある。たしか、一問不正解の九十七点だったと思う。勉強で誇れるのはこの一つだけだった。努力をしないのだから自業自得なのだが、この時は一人ほくそ笑んだことを思い出す。

話をクラブ活動に移そう。遠距離通学のためクラブ活動は厳しいかなとの思いもあったが、結局は勉学に励むこともできなかった。中学からの延長でバレーボール部入部の考えもあったが、高校は六人制のため背丈のない私では通用しないだろうと思い断念した。いろいろ考えを巡らせたが、行きつく先は単純な発想だった。私は鬼怒川育ちで泳ぎにはある程度自信があったので、水泳部に入る決心をして各部の部室が並ぶ場所へ向かった。

ところが、扉を開けた部屋は、どうも雰囲気が違った。ラグビー部室だったのだ。慌てふためいて即刻出ようとすると、二人の部員に両脇を固められて出られなかった。

当時、ラグビー部員は十五人ほどで、試合ができるギリギリの人数だった。まさに「飛んで火に入る夏の虫」だ。出るにも出られず、部室を間違えたことを詫びたが、聞き入れてもらえない。約一時間にわたる説得を受け、泣く泣く「やります」と答えてしまった。まさか隣の部室と間違えるとは、これぞ運命のイタズラである。

初めてのラグビーは、私にとって厳しい練習だった。だが、私も負けず嫌いだ。何度か挫折しかけたが、真剣に取り組みはじめた。ただラグビー部は、県内には六校しかなく、野球、サッカーに比べるとまったくのマイナー競技だった。宇高はとくにバスケット、サッカー、剣道が強く、県上位の常連校だった。バスケットには、同期の永田、本江と長身のスターが揃っており、常に優勝争いに絡む成績を残していた。また野球部は、エースとキャッチャーの亀井兄弟を軸に、甲子園を狙えるチームだった。それらに比して、ラグビー部はだいたいが、県内六校中六位。なかなか最下位から抜け出すことは難しかったが、稲川、中山、金澤先輩の指導を受け、徐々にではあるが力をつけていった。

そして三年時には、かなり手応えがあるチームに育っていった。私自身も、ラグビーが持つ不思議な魔力に引き込まれるようになる。三年時は、ナンバーエイトの小沢が主将を務め、私がスタンドオフ（SO）で副将を務めた。同期には、池田、阿部、野沢、中野、小山が揃い、一学年下には、斉藤、佐野（のちに早大ラグビー部に入部し活躍）、二学年下には、堅田、国吉など、かなり充実したメンバーを編成することができた。余談だが、同期連中は卒業後、私とコンビを組んだスクラムハーフ（SH）中野は東大に進み、その他も一橋大、東北大学などの超一流大学に進学した。

ラグビーの練習は、二時間程度だが、夕方五時半頃終了して、帰宅すると七時過ぎになる。鶴田駅から宇都宮駅で降り、東北線に乗り換え、三つ目の氏家駅で下車し、そこから五キロほど自転車に乗る。冬の自転車は、北風が吹き、寒いなんてものではない。途中、宇都宮駅に着くと腹が減ってどうしようもないときがある。駅のホームに立喰いそばがあるが、その匂いにたまらず、二日に一回ほど、時刻を気にしながらかき揚げそばをかっ込む。当時一杯五十円で、それで一ヵ月分の小遣いが消えてしまう。無論家に帰っても普通にご飯を食べた。私は今でも駅の立喰いそばの匂いに誘われて、ふらりと入ってしまう。

宇高ラグビー部の最大の問題は部員不足だった。この問題はなかなか解消できず、一人欠けるとメンバー編成ができない。そこで、他の運動部から助っ人を頼むことになる。いろいろ考え、野球部のスターで、四番打者の相羽悦夫に白羽の矢を立てた。彼は、頑健な体の持ち主で足も速く、「とにかくボールを持ったらよけいなことをせず、真っすぐ走れ」と指示を出した。ポジションは右のウイングスリークォーターバック（ウイング、ＷＴＢ）である。彼を起用した最初の試合では、ルールもよく理解していない中、あれよあれよという間に相手をはね飛ばしてトライを獲ってしまった。

その後彼はチームにとって欠かすことのできない存在となり、本来の野球部に影響のない範囲で助っ人を継続してもらった。その後の試合でも彼はよくトライを獲り、天性のスポーツマンという感じだ。彼とは、これがキッカケで、将来にわたって無二の親友となる。ラグビー部の成績もそれに伴い、六位から徐々に上向き、三位の座を確保できるようになるが、残念ながら一位になることはなかった。

相羽は宇都宮市徳次郎《とくじら》の造り酒屋の次男坊である。生涯の友と誓い合い、彼が法政大学に進学後も、私のラグビー部がオフとなる夏休みには、時間を作ってよく遊んだ。大学二年時のオフに、彼といっしょに父の勤務していた建築関係の仕事でバイトをやった。一個二〇キロもあるブロックを運ぶ仕事だ。当時としては破格のバイト料が入った。同時に体作りにも大いに役に立った。バイトが終わり、大金（?）を懐に入れ、相羽の運転で北海道一周の旅に出た。道中、ヒッチハイクの女子大生二人と出会い、ユースホステルに送った際、女性二人の荷物と共に相羽は自分のボストンバッグを下ろしてしまったことを、三〇〇キロ先の旭川まで行ったところで気づいたのである。

後日談だが、私の夏休みが終わり、早大ラグビー寮に戻ると、その女性から私宛てに荷物が届いた。住所を教えたので、彼女は私宛てに送ってきたのだろう。彼女は相羽の汚いバッグも持ち帰り、洗濯をしてから送ってくれた。可愛らしい女性で、私はその後何度か会ったが、それ以上の縁はなかった。

相羽との思い出はもう一つある。先ほどのバイトで稼いだ金は残っており、北海道から帰ったあと、宇都宮市内の居酒屋で飲んだ。おばちゃんの経営する「平家」という、私の従兄弟赤羽敏夫（前述）から教えてもらった店だ。正直に申せば、私は早生まれなので、二十歳前だったが、今日どれだけ飲めるかという話になった。五時間くらい飲んだだろうか。なんと一合徳利五十六本を平らげたのだ。おばちゃんが飲んだ徳利を数えていた。五升六合。さすがに外に出たところ、後ろ向きに走り出し、仰向けにひっくり返ったことを覚えている。五十年前のことであり、平にご容赦願いたい。

相羽は就職で大阪に行き、何度か転職をした。当時は携帯もなく、連絡が途絶えたが、五十歳半ばでこの世を去った。私の実家に奥さんから訃報が入る。私は葬儀に出席できなかったので、兄義美に頼んだ。後日、宇都宮市のお宅に詣で、彼の死を悼んだ。奥さんによると、彼はいつも私のことを自慢し、最後まで「会いたいなあ～」と漏らしていたそうだ。早くに大きな友を失ったことは、残念でならない。

応援団長も務める

ラグビーで一つ忘れてはならないことがある。三年時に、高校ラグビー関東大会が地元宇都宮市で開催された。栃木県のラグビーは他県と比べて実力で劣っていたため、オール栃木の選抜チームでの出場となった。無論、他県や東京都は、単独チームでの出場だ。その選抜チームに、宇高から私一人が選出されたのである。スタンドオフ（ＳＯ）で、バックスの要だ。主将は作新学院の高橋恒徳（前出の中学同期）が務めたが、なぜか私に選手宣誓の依頼が舞い込んだ。どうしてその役目が回ってきたのか、詳しくはわからなかったが、監督、協会からの指示だったので引き受けざるを得なかった。無事、役目を果たしたが、試合は、一回戦で善戦したものの敗退。試合相手や試合内容は、ほとんど記憶がない。

この大会で、のちに生涯の友となる選手との出会いがある。早稲田実業高校のキャプテン佐々木敏治だ。彼は、私の選手宣誓のことを覚えてくれていたのである。彼との思い出は「第2章」で記していく。

もう一つ、忘れられない思い出がある。勉学のことではないが、三年時、宇高が創立九十周年を迎えた。この式典の一環で、全校生徒による宇都宮市内提灯行列が行われた。約二時間に及ぶ行列だったが、沿道には多くの観客が詰めかけて、祝福してくれた。いかに伝統校とはいえ、これほどとは思いもよらなかったし、高揚感は頂点に達した。

そして、この行列の先陣（先導役）に立ったのが私だ。校旗を掲げ、白鼻緒の八寸歯の下駄を履き、教職員を含めると一千三百人を超える行列の先頭を務めた。なぜ私が指名を受けたのか、これには訳がある。実は、ラグビー部の他に応援団長を務めていたからだ。野球部の試合には、高校の向かい側にある酒屋の主人に頼んで、車に大太鼓を乗せ、応援に行く。前述したように、二年時には亀井兄弟の活躍で夏の大会では決勝まで進んだが、惜しくも作新学院に敗れ、甲子園への道は閉ざされた。この夏の大会では、六試合ほど応援に行った。甲子園目前で、夢は消えたが、一度甲子園で応援したかったものだ。応援団の活動にも、ラグビーほどではなかったが、かなり〝力〟を入れていたのだ。

私にとって三年間で、また一生の中でも思い出深い出来事だったわけだが、提灯行列のあとがいけなかった。パレードでの高揚感は止まらず、野球部、バスケ部、そしてラグビー部の仲間十数人で、ラグビー部室でビールを飲もうと盛り上がった。若気の至りとはいえ、決して許されるものではない。だが、走り出したら、当時は気持ちを抑えることはできなかった。さっそく、ビールや日本酒の買い出しに行った。お店は前述の酒屋で、気心が知れた主人が黙認してくれた。いい時代といえばいい時代だが、主人も自分の若い時分を思い出したのかも知れない。ちなみに、主人の息子は、宇高の一年先輩で、私のことを好いてくれていたそうだ。

私は、この時の酒が、お屠蘇以外で初めてだったのだが、まったく酔わずに不思議な感じがした。約二、三時間盛り上がり、このまま部室に泊まろうということになった。しかし、部室の明かりが漏れているのを不思議に思った体育教師に目撃され、補導されてしまった。おそらく十二時を過ぎた頃だろう。教師からは、とりあえずいったん帰宅命令が出た。私以外は、全員宇都宮市内に居があるので、歩いて帰宅したが、私一人は帰る術がなかった。すると、バスケ部の永田が気を遣ってくれて、一晩永田家にお世話になった。

翌日は九十周年の記念行事で講演会があり、出席した。何食わぬ顔で講演会を聴いていたが、体育教師がどういう行動に出るのか、内心ビクビクしていた。どういう計らいをするのか、皆目見当もつかなかったが、首謀者の二人である永田と私は、「二人が首謀者であることを明確にし、他の部員たちには、許しを請うこと」、これを断固守っていこうと決意していた。

案の定、講演会の休憩時間に呼び出しがあり、学校に戻された。五、六人の教師に囲まれ、永田と聴取を受けた。詳細は省くが、翌日、当時の岩倉校長から、最終的に九十周年の恩赦で、一旦停学の申し渡しがあった。当然、保護者同伴ということで、母には正直に話をし、母と共に申し渡しを聞いてそのまま帰宅した。永田も同様だったが、他の部員たちは厳重注意のみで済んだので、ある面ホッとしたことを思い出す。本来私たちの行為は退学ものだが、首の皮一枚つなげてくれた寛大な裁断に感謝の一言だ。ちなみに、岩倉校長は、私の姉綾子の義父である加藤件四郎とは刎頸の友だった。また、永田の父は、当時某高校の現職校長であったことを付記しておく。

この件では、母には大変迷惑をかけた。父には、この一件を、私が就職して何年後かまで、一切語ることはなかった。これが知れたら、父がどういう態度に出てくるか、想像もつかなかった。母の懐の深さを改めて感じ入ったことを思い出す。

宇高から早大ラグビー部へ

何か武勇伝みたいなことばかり記してきたが、三年生半ばになると、いよいよ大学受験の準備に取りかかることになる。宇高のクラブ活動は、三年生は夏休み後に一線を退き受験に備えていくが、私は秋のシーズンまで残り、一パーセントの可能性もない〝花園〟を目指して頑張ったものの、結局一回戦で敗れて身を退いた。

大学受験については、二年生の頃から目標があった。その目標を与えてくれた人物が二人いた。二人とも、宇高から早大に進学し、早大ラグビー部で活躍した。一人は増山瑞比古《みずひこ》である。増山の兄は元宇都宮市長であり、県内最大の「増山運送会社」の社長だった。瑞比古は、同社の専務取締役を務めていたが、暇を見つけては、よく宇高のグラウンドに足を運び、後輩の指導にあたってくれた。大変な熱血漢で、私たちは陰で「鬼の増山」と呼んでいた。

増山は、のちに兄から独立し「都運送」を興し、その後も東京で人材派遣会社「フジスタッフ」を立ち上げ、ビジネスの面でも大成功を収める。奥様の律子同様、敬虔なクリスチャンで、早大にも多くの寄附をされた。寄附の一環として、上井草にある早大ラグビー部の敷地内には、大変立派な二階建てのクラブハウスがある。早大ラグビー部の歴史が整理整頓され、会議室も備えた、またラグビー倶楽部（ＯＢ会）の憩いの場でもある。

さらには、ラグビー部員に対し「増山奨学金制度」を設立し、これまでに多くの学生が恩恵にあずかった。

また増山は、多くのボランティア活動にも従事し、その資金提供を惜しまなかったようだ。しかし、残念なことに、七十五歳の時、アフリカのガーナにある「野口英世記念医学研究所」を訪れた際にマラリアに罹患し、多臓器不全により死去する。まだまだ道半ばであったろうと思うが、その遺志は、奥様の律子が立派に引き継いでくれている。

もう一人は小林正幸（元朝日新聞社）だ。増山の秘蔵っ子で、増山の背を追い、一浪して早大に進学してラグビー部に入る。類い稀なる身体能力を持ち、一年生から大活躍する。走力、タックル、キックなど、すべてを兼ね備えたフルバック（ＦＢ）だ。早大、日本代表でも、歴史に残る名選手の一人であろう。

私はこの二人に、二年生のときに声をかけられた。「お前、早大でラグビーをやれ！」と。それに対し私は、「無理ですよ、私の実力では、早大は受かりませんよ」と返したが、「お前なら絶対通用する、やれるよ！」と何度も何度もいわれ、ついついその気になり、大きな夢を描くようになる。その夢を実現するには、まず受験、合格せねばならない。

担任には、きついことをいわれたが、その目標に向かって、遅ればせながらも猛勉強に励んだ。夢実現のため、早大一本に絞り、他大学は受験しなかった。ただ、両親は浪人を許してくれないので、失敗したら就職するつもりでいた。両親には、そのことを告げず、担任教師と相談した。担任も、私の意思を尊重してくれ、何かと取り計らってくれた。おかげで、栃木銀行の内定をいただいた。ただ、受験に失敗となれば、学年でただ一人の就職である。

早大受験は、正直いって自信はなかったが、商学部、教育学部、社会科学部を受験した。他の部は、まず無理だろうし、受験料ももったいなかったからだ。商学部は手応えを感じたが、結果的には社会科学部のみ合格になる。私の目的は、早大ラグビーへの挑戦だったので、学部はどこでもよかった。嬉しさは格別であり、担任教師も大変喜んでくれた。

これで、「宇高から早大ラグビー部へ」、増山、小林に次ぐ三人目の男になる。

こうして、私の熱い高校生活は終わりを告げ、「栃木から東京へ」、新たな、そして長い闘いが幕を開ける。

この章の最後に、宇高でのまさに青春の三年間を想い「宇都宮高校校歌」、そして「応援歌」を記し、この想いを胸に次章へと進んでいきたい。

「宇都宮高校校歌」（大木惇夫・作詞、信時潔・作曲）

一、さみどりすがし滝の原　栃の木かげの学び舎に
つどいてたのしはらからわれら　智慧《ちえ》の果《み》よその果《み》をうけて
日ごとに磨きいそしみやまず「自律」の鐘をならしつつ
ああ真実の人たらむ

二、二荒《ふたあら》の山の青雲や　高き想ひにあこがれて
夢見る翼羽ばたくわれら　徳の美よその美に生きて
明日への望み祈りをたたず「和敬」の燈しかざしつつ
ああやすらひの人たらむ

三、流れも澄める鬼怒川や　豊にさやけきうるほひに
芽生えて伸びる若竹われら　土の香よその香をつけて
こころは剛く身も健やかに「進取」のしるべあやまたず
ああうつくしき民たらむ

「宇都宮高校応援歌」（篠崎孝・作詞、石井信夫・採譜）

一、二荒おろし吹きすさぶ　戦雲巻くや滝の原
衝天の意気敵営に　勇みて向ふ常勝軍

二、鉄棍《てっこん》ひらめき砂をかむ　熱球の音肉の弾
竜攘《りゅうじょう》虎搏《こはく》雨を呼ぶ　戦まさにたけなわよ

三、一角崩れまた崩れ　敵の陣営色めけば
疾風迅雷《しっぷうじんらい》躍りこむ　剽悍決死《ひょうかんけっし》の我が勇士

四、宇高は勝ちぬ優勝の　旗はさんたり夕陽《せきよう》に
勝ちどきの声はり上げて
帰らんかなやいざやいざ　帰らんかなやいざやいざ

第2章
早稲田大学時代

18歳～22歳

ラグビー部の門をたたく

念願の早稲田大学に入学し、同時にラグビー蹴球部の門をたたく。

これからの四年間をふり返るわけだが、勉学は、中高時代と同様、思い出に残るものはとくにない。ただ一つ、四年間で卒業することだけは、絶対に守る、と密かに心に誓ったことを思い出す。ということで、これからの四年間は、早大ラグビー部での出来事を中心に進めていきたい。

早大ラグビー部は一九一八（大正七）年に創部する。偶然にも母の誕生と同年である。百余年にわたる歴史に成り立っているわけだが、これまでの成績は、勝率八割強。関東大学対抗戦制度、大学選手権制度が発足してからは、対抗戦優勝三十五回、大学選手権優勝十六回、日本選手権優勝四回（現在は廃止）と輝かしい成績を収めてきた。慶応大学、明治大学と共に、大学の雄として、学生ラグビー界をけん引してきたといっても過言ではない。ただ昨今は、伝統校以外の大学の活躍が目覚ましく、ご存知のように帝京大学が前人未到の九連覇を達成するなど、戦国時代の様相である。

社会人ラグビーも、時代を経て、「リーグワン」というプロ化を視野に入れた団体に変貌を遂

早大ラグビー部東伏見寮に入寮

げ、有名海外選手の参加もあり、隆盛を誇りつつある。

ラグビーそのものも、とくにフィジカル面での強化が進み、一昔前とは比較にならないほど、大きく様変わりした感がある。日本ラグビーも、二〇一五年のワールドカップイングランド大会以降、好成績を残すようになり、世界を見据えた戦いになるのは必然のことだろう。

そのような現況の中、いまさら五十年前にタイムスリップして、当時をふり返ることは、甚だ苦しい面があるが、回顧録としてご容赦願いたい。

一九七〇（昭和四十五）年、私は早大ラグビー部に入部と同時にラグビー寮に入り、四年間の生活が始まった。

ラグビー寮は、東京二十三区外の、保谷市（現西東京市）東伏見にある。西武新宿線の高田馬場駅から、各駅でも二十五分のところにあり、大学までも一時間ほどである。

東伏見には、早大の多くの運動部が存在していた。東伏見駅正面には、五メートルの飛び込み台を備えた水泳部があり、それを取り囲むように、半径五〇〇メートルほどの場所には、サッカー部、陸上部、ハンドボール部、軟式野球部、吉永小百合も在籍していた馬術部、そしてラグビー部があった。また駅のすぐ横には、西武鉄道が運営する広大なテニス場があったが、現在は西武鉄道のダイドードリンコアイスアリーナになっている。

東伏見はいわば「早大スポーツ村」だ。こうして、住民に親しまれ、可愛がられ、そして応援を受けた。本当に住みやすい小さな町であり、今でも第二の故郷だと思っている。

しかし、二〇〇二年、大学の方針転換もあり、ラグビー部は上井草に移転した。私たちにとっては寂しい思いがあったが、上井草には、天然芝のメイングラウンド、人工芝のサブグラウンド、トレーニングルーム、身体のケアルーム、そして寮、クラブハウスが完備され、素晴らしい環境下で生活できる学生は幸せだ。

今では、ラグビー部は、すっかり上井草に溶け込み、住民に親しまれ、ラグビーの聖地となっている。私たちには隔世の感がある。

さて、この昭和四十年代、早稲田大学ラグビー部は昭和十年代、昭和二十年代の黄金期を経て、最も輝かしい成績を収めた十年間であり、第三期黄金時代を作り上げた。大学日本一七回、日本選手権優勝三回、関東大学対抗戦・全勝優勝八回、対抗戦六十連勝など、数々の記録を打ち立てた十年間であり、まさに「黄金期」であった。

私は、ちょうどこの中途に入部する。監督は日比野弘（故人）。日比野は、家業である銀座の老舗「陶雅堂」の四代目社長を務めたのち、早大人間科学部教授、日本ラグビー協会では日本代表監督、協会副会長、協会会長代行を歴任した。長くラグビー中継の解説も務め、日本ラグビーを代表する、そして皆からも親しまれた人物だが、この時の監督就任が指導者としての第一歩を踏み出した時期だった。当初は、大塚博靖（故人・元読売新聞社）が、指揮を執ることになっていたが、社業との折り合いがつかず、就任後まもなく退任して日比野が後継者となる。当時、私など何もわからず「そうなんだ」と思ったくらいだ。

この年代の主将は大東和美だ。住友金属を経て、鹿島アントラーズ社長、Ｊリーグチェアマンとして活躍し、その後、日本スポーツ振興センター（ＪＳＣ）の理事長に就任する。副主将には、小林正幸（前出の宇高の先輩であり、元朝日新聞社）。当時の部員数は、記録によると五十三人とある。

いよいよ早大ラグビー部でのスタートを切るわけだが、まず思い出深いシーンがある。新人の入部式だ。新庄嘉章部長の挨拶のあと、当時のＯＢ会長藤井恒男の挨拶があった。その中で、いまだに語り継がれるのは、「君たちは、ウィスキーに例えるなら、サントリーレッドである。しかしこれから四年間、自己研鑽に努め、ジョニーウォーカーの黒ラベルになりなさい」と挨拶された。私は当時、ジョニ黒もわからないし、ましてや二十歳未満の学生の前でいうことではないと思ったが、なぜか心に「ストン」と落ちた。

藤井は、ＯＢ会の幹事長を務めていた際も、名言を残していたそうだ。財政的に苦しんでいた頃、「知恵のある奴は知恵を出せ、力のある奴は力を貸せ、知恵も力もない奴は金を出せ」との檄文を、全国のＯＢたちに送り、募金活動をしたそうだ。

藤井は大変洒脱な人で、朝日新聞社に勤務し、第一次南極越冬隊に記者として選抜され、南極の地で初めてラグビーボールを蹴ったそうだ。その話は、のちによく聞かされた。藤井は、朝日新聞社で重役を務めたのち、資本関係にある「テレビ朝日映像」の社長に就任する。その四年後、私はテレビ朝日に入社するので、大変お世話になる。これは、次の章で述べたい。

早大ラグビー部伝統の〝シボリ〟

入部した初日から、練習レベルの違いに唖然とした。高校時代に小林先輩から聞かされた話とは「月とスッポン」、自分のあまりのレベルの低さにどうしようもなかった。

一ヵ月後に、新人歓迎試合があった。私たち一年生は当初、十五、六人ほどいたと思うが、相手は二、三年生の猛者だ。私は指令塔のスタンドオフ（ＳＯ）での出場となったが、パスもキックもできず頭が真っ白になり、試合内容も覚えていない。相手ディフェンスが、異常に速く、試合終了後は、ただただ頭を垂れるしかなく、同時に大学レベルの凄さを実感せざるを得なかった。

結局、栃木県の代表までなったＳＯは、この一試合で見切りをつけられ、二、三日後、フォワード（ＦＷ）への転向を言い渡される。

小林を恨むのは筋違いだが、この時一瞬、退部が頭をよぎった。しかし、故郷の友人に大見得を切って上京したからには、と思い、なんとか踏みとどまった。

もう一つ、忘れられないのが〝シボリ〟である。この〝シボリ〟は、一、二年生が連帯で負うものだが、練習後に前触れもなく突然笛が鳴るのである。例えば、一、二年生の誰かが門限に遅れるとか、ボールの磨き方がなっていないとか、先輩の虫の居所が悪いとか、理由は釈然としないものもあるが、想像を絶する〝キツさ〟だ。詳細は省くが、徹底的に走らされる、徹底的にタックルをさせられる、これが、二時間、場合によっては三時間にも及ぶ。早く終わる者でも二時間、暗くなっても終わらない者は、グラウンド脇にある繁みに隠れていて泣いている者もいた。三年生がシボる役目だが、当時は佐藤秀幸（故人・元新日鉄八幡）が主役だった。その顔は鬼の形相に見えたものである。何度、「鉄拳制裁の方がよかったか」と思ったことか。

しかし、早大ラグビーでは、決して鉄拳制裁は行われず、こうして徹底的に体を鍛える方策を考えたのだろう。

私は前述のようにFWに転向したばかりだったが、この〝シボリ〟になると、無我夢中で走り、タックルした。他にアピールするものがなかったからだ。

この〝シボリ〟の意図は、罰則ではなく体を鍛える手段として、先人たちの誰かが考案したのだろう。これが、伝統的に続き、私も三年時には主役の一人になった（笑）。

現在では、このような〝シボリ〟は皆無といってよいが、二十年以上前の部員たちはこの〝シボリ〟を経験し、卒業して酒席になると、必ずといっていいほどこの話になる。酒の肴にはうってつけなのだ。

　こうして、徐々に鍛えられ、大学生らしくなっていくのだ。ようやく春季の練習も六月いっぱいで終わり、晴れて納会の日を迎える。

　納会では一年生が主役で、先輩からドンブリに日本酒を注いでもらい、これを三杯飲むのが儀式（?）である。いつの時代から始まったのか聞いたことはないが、とにかく理屈抜きだ。

　この時ばかりは無礼講であり、酔って先輩に絡んでもよいが、絡む前にほとんどの者がベロベロだ。私は何杯飲まされたか覚えがないが、一説によれば八杯だそうである。

　この後、一年生は寮に運ばれ、一階の大部屋、新聞紙を敷いた上に寝かされる。寮まではほとんどの者が、リヤカーか一輪車で運ばれたようだ。新聞紙を敷くのはおわかりだろう。まさにその光景は、市場のマグロ状態だ。

　このことを記すのは多少憚ったが、五十

早大ラグビー部伝統の〝シボリ〟で鍛えられた

年以上前のことでもあり、また先述の藤井恒男の言葉のように、大昔を語る上でご容赦願いたい。

無論、この儀式ははるか以前に中止となっているのは言うまでもない。

春の納会が終わると、七月一週目の日曜日は、恒例の「北風祭」が東伏見寮で開催される。学生がOBを招待して、手作りの料理を振る舞いながら、またこの頃は、各ポジション別に「芸」を披露し、大いに盛り上がる。フランカー組は「ヤクザ者」の劇を披露し、ヤンヤの喝采を受けた。「あいつは、ラグビーより役者の方が向いていないか？」とあるOBがいっていたとか。

こうして、厳しかった春の練習が終わり、オフに入る。待ちに待ったオフだが、その先には、聞きしに及ぶ「地獄の夏合宿」が待ち構えていた。

わが同期

ここでわが同期を紹介したい。当初二十人近く入部したと思うが、厳しい練習、また家庭の事情などで退部した者がかなりおり、現在OB会に所属している者を紹介したい（順不同）。

浜野政宏（早稲田実業高校　元博報堂）
奥田泰三（京都府立洛北高校　元ユニチカ役員）
中村賢治（愛知県立岡崎高校　元東芝府中）
川内聖剛（福岡県立福岡高校　元保健同人社役員）
台　和彦（早稲田高等学院　元大成建設副社長・副会長）
堀口　孝（早稲田高等学院　元東京海上日動火災保険）
佐々木敏治（早稲田実業高校　元佐々木組社長）
金指敦彦（静岡県立下田北高校　元トヨタ、四十三歳で病死）
植山信幸（報徳学園高校　元横河電機役員）
岩永　勉（中央大学附属高校　元マクドナルド）
中西康久（北海道函館北高校　自営業）
神山郁雄（栃木県立宇都宮高校　元テレビ朝日専務）

以上、数少ないが、四年間同じ釜の飯を食った同期である。出身高校は一目瞭然だが、早稲田大学の附属高そして普通高校出身者が多い。現在のように、ラグビー強豪校から来る人間はあまりいない。改めて思う、このメンバーでよく勝ったなあ〜と。

ついでに、同期についてもう少しふれたい。

浜野は、東京出身の悪餓鬼（?）で、一風変わった男だが、ラグビーに対する情熱には目を見張るものがある。高校時代はナンバーエイトだったが、フッカーに転向する。

奥田は京都出身で、ボンボン気質があるが、スクラムが滅法強い。二年から不動の右プロップ（3番）を任される。大変な酒豪で、とくにウィスキーには目がない。飲む時には、ボトル二本ぐらいは平気だったかも知れない。

中村は超真面目な男で、性格同様堅実なプレーで高い評価を得る。四年時は、主務（マネジャー）を兼務し、一年間私と同部屋で生活を共にする。

川内は高倉健風の雰囲気を持つ九州男児。長身で何をやっても様になる。私は最初に会った時、「こんな男と同期では、敵わないなあ〜」と感じた。彼も大変な酒豪だ。

台は東京出身の甘いマスクで、知的なプレーをする。当時から、髪の薄さを気にしていたが、結局そのとおりになった。四年時にスタンドオフ（SO）を務める。

堀口は台と同じ高校だが、性格はおっとりしており、何事にも動じないものがある。体型はFW向きだが、ウイング（右WTB）を任される。普段は、やる気があるのかないのかわからず飄々としているが、ここぞという時の集中力が凄く、一瞬のスピードで相手を抜き去る。また強固なディフェンスも魅力で、ただ一人、一年生から右ＷＴＢのレギュラーとなる。

佐々木は、一〇〇メートル十一秒台前半で走る快速ウイング。一年時は、夏合宿までレギュラーにも抜擢されていたが、合宿での怪我によりレギュラーを逃す。彼は、前述した、私が高校時、関東大会で選手宣誓をしたことを覚えており、入部早々、昵懇の仲となり、生涯の友となる。

金指は、元陸上の走り幅跳びの選手で、一〇〇メートル十一秒一の記録を持つアスリート。高校までは陸上部だったが、大学でラグビー部に転向してきた。超真面目な性格で、何事にも恐れない闘争心があった。二年時から左ＷＴＢのレギュラーを獲得する。伊豆・熱川の彼の実家に佐々木とよく遊びにいった。酒もタバコもやらず真面目な男だったが、なぜか病魔に冒され、四十三歳の若さでこの世を去った。

植山は一年時の頃は貧血気味で、〝シボリ〟ではフラフラ状態になり、皆が心配するほどだったが、ラグビーセンスは抜群だった。二年時から不動のフルバック（ＦＢ）を務め、その後、日本代表としても大活躍する。ただ性格的に、不真面目、わがままなところがある。だが、愛すべき人間だ。

岩永は三年時にウェイト・リフティング部を終えて、留年してラグビー部に転向してきた変わり種だ。マッチョな体格で本人もその気になっていたが、実際にやってみて自信喪失（?）。しかしながら、最後までやり抜いたのは立派の一言。年上だが、私たちの同期扱いである。

中西は素晴らしいラグビーセンスの持ち主だったが、家庭の事情により二年時に退部する。続けていたら大変な選手に育っていただろう。彼は、退部後も、早大ラグビーに対する思いは強く、その意を汲んでＯＢ会員に推薦した。

以上、同期連中を簡単に紹介したが、これから四年間、同じ思いを抱いて生活していくことになる。

地獄の練習と寮生活

生活の場は、東伏見「早大ラグビー蹴球部寮」である。鉄筋三階建ての、当時としては立派な建物だ。ＯＢ会の皆さんの相当な努力があったのだろう。

一階は、食堂、和室、会議室の他に、管理人の部屋を備えている。二階三階が部員の居室だ。三人部屋が二室あるが、他は二人部屋。ただ、全部員が入れるスペースがないので、入寮の基本は、地方出身者優先。東京出身者は、自宅から通う者も多くいた。私が初めて入寮した部屋は三人部屋で、四年生の阿部憲之、二年生の宿沢広朗と同室だった（部屋替えは年に二回行われる）。毎日が、緊張の連続で、二人が部屋にいないとホッとしたものだ。

和室は、普段めったに使用しないが、早慶・早明戦や大学選手権などの大試合の前には、レギュラーメンバーが数日間いっしょに泊まり込んで、結束を強める場になっていた。

ここで、寮の管理人を紹介したい。

松本琢二・俊子夫妻で、松本は、早稲田大学の文書課に勤務する教職員だ。子供はいなかった。私たちは「おじちゃん」「おばちゃん」と呼び（まだ若かったが）、家族同様である。二人とも素晴らしい人格者だった。

「おじちゃん」は酒が好きだが寮内は禁酒なので、たまに外に飲みに誘ってくれた。生まれは茨城県なので、私とは北関東同士という縁もあり可愛がってもらった。おかげで、冬のシーズンオフには、四年間、文書課でバイトをすることとなり、大きな助けになった。

バイトの主な仕事は、受験時の高校生からの願書受け付けと整理である。当時は、現金入りの書留類が送られてくるので、それを慎重に取り扱う。現金を扱うので、厳重な部屋に籠もり続ける。一日が終わると、ホッと一息。「おじちゃん」をはじめ、文書課の人に食事に連れていって

大学1年生夏のオフシーズン、海水浴に

もらった。本当にお世話になったし、多くの教職員との知己を得た。

余談だが、昼休みの休憩時間には、たまに、柄にもなく大隈重信侯の銅像を拭き清めていた。周りの学生からは奇異な目で見られていたようだ。

「おばちゃん」の仕事は、部員の食事担当が主だ。食事は、朝夜の二食制。週一回の休みを除いて毎日賄うのだ。ただ食器並べや洗いは部員の当番制で、上下の分け隔てなく月一、二回は回ってくる。当時は栄養のバランスなど気にすることもなかったが、「おばちゃん」は、毎日の献立を考えるだけでも大変だったと思う。ただ、秋シーズンの試合の前日は、だいたいがトンカツ（勝つ）だった。そして大試合の前日はこれにステーキ（敵）が付く。敵に勝つのだ。

いつも笑みを絶やさず、学生のために頑張ってくれた。感謝、感謝である。

こうして寮生活にも慣れていく。

さて、夏休みオフの前半はバイトで金を稼ぎ遊んで英気を養ったが、八月に入ると気もそぞろになっていく。初めて経験する、二週間にわたる夏合宿が始まるのだ。

オフは自主練習が基本で、各自母校に帰って、高校生といっしょに練習に励み、合宿に備えた。

そして、いよいよ合宿の日が来る。場所は長野県菅平。菅平での合宿は、法大が第一号で早大は二番目だった。

電車で上田駅に着き、そこからバスに乗る。車中、口を開く者はおらず、静まりかえったままだ。小一時間で合宿所に到着するが、最初にやるのはグラウンドの石拾い。一年間使用していないので、結構石が浮きでている。当然、現在のような、立派な芝生のグラウンドではない。

整地を終えて、翌日から合宿の本番に入っていく。合宿の詳細を語れば、語りきれないので、コンパクトに記したいと思う。

早大の練習は、よく走る！　走る！　走る！　である。走って強靭な身体を造っていくのだろう。相撲でいえば、徹底した四股踏み、鉄砲だ。基本が盤石であればいくらでも応用が利く、ということだろう。

ＦＷはスクラム、ラインアウトなどのセットプレーにも時間を割くが、ＢＫはコンビネーションも含め、おそらく走り詰めだっただろう。これを、午前午後、徹底的にやっていく。タックルなどは全体練習外でやるので、満天の星を見ながらの練習になる日もある。

初日の練習を終えると、体はパンパンに張り詰めた状態になり、練習で走ることはできるが、練習が終わって歩く時など支障を来す。不思議なものだ。一例を挙げると、和式トイレでは屈めず、イスの上げ蓋をはずして擬似洋式トイレを作り、用を足すのだ。こうして「地獄の練習」を一日一日重ねて、おのおの自信をつけていく。

名将大西鐵之祐

猛練習のことばかり印象づけているが、それを支えるのが、監督とコーチ陣である。早大には、従来、戦略や戦術に優れた人材が豊富だ。

この年は、日比野監督を支えるコーチ陣も然りで、木本建治（故人）は前年の監督で「鬼のキモケン」と呼ばれ、戦術面・人心収攬《じんしんしゅうらん》に長ける一方、非常に厳しさを持った名将だ。前年、最強といわれた日体大に敗れ、準優勝に終わったことで、雪辱の気持ちは相当なものだった。のちに木本は、一九八七（昭和六十二）年度、永田主将を率いて大学選手権優勝、そして四度目の日本選手権の偉業を達成する。

コーチ陣には白井善三郎、矢部達三、松元秀雄ら、錚々たる面子《メンツ》だ。白井は、早大で四度監督を務めたのち、日本ラグビー協会の専務理事に就任する。築地にある水炊きの老舗「新三浦」を経営する。矢部は一九六五（昭和四十）年度の主将。第三期黄金時代の幕開け時の主将である。三菱銀行に勤務後、早大ＯＢ会長を五年間務め、のちにラグビー協会専務理事に就任する。浦和高校出身のニヒルなインテリタイプである。

こうした、名将・知将によって、秋のシーズンに向けて、戦略・戦術が確立されていく。無論、先ほどの「俺たちは、これだけの練習をやっているのだから負けるわけがない」といったアナログ的な想いの上に成り立っていくのである。

また、名将といえば、大西鐵之祐（元早稲田大学教授）である。早大ラグビーは無論だが、日本ラグビー界の巨星だ。早大では九シーズンにわたって監督を務める。日本代表監督時には、オールブラックスジュニア戦での勝利（23対19）、イングランド戦での死闘（３対６）を演じるなど、数多くの名勝負を繰り広げてきた。大西は、理論に優れ、「接近・展開・連続」という、小柄で器用さに優れた早大ラグビー、日本ラグビーにフィットした理論を確立する。また、菅平での合宿中に、菅平をもじって編み出した「カンペイ」など、独創的な戦術を作り上げていく。

一方で、戦争を体験した者として、独特な語り口、行動にも定評があった。大試合前に「水杯を交わしたのち、杯を割って出陣し、うしろをふり返るな」など、前近代的な方法で志気を鼓舞した。話術に優れ、長髪をふり乱して語る姿は、まさに〝神〟の領域を思わせる。現代でいう、「デジタル」と「アナログ」を兼ね備えた稀有な人物だ。著書も『闘争の倫理』『荒ぶる魂　早稲田ラグビーの神髄』他、多数残している。

また大西夫人のアヤも素晴らしい人で、多くの人に親しまれた。出身は新潟の銘酒「菊水」の酒蔵だ。

もう一つ、私と大西との思い出がある。先生は、六本木にご自宅があり、私の勤務先も六本木だった。出社時、たまに先生と六本木駅で出会うことがある。ある日、駅の階段を上って地上に出たところで、一人の初老の男性が倒れていた。思わず駆け寄ると、なんと大西先生だった。幸い意識があり、私を見た先生は「お～カメ」（私の渾名）と呼び、震える声で「背広の胸ポケットに薬が入っているので、それを飲ませてくれ」というではないか。私は、無我夢中で薬を探し出し、それを口に含ませた。先生は、心臓に疾患があり、常日頃より「ニトログリセリン」を携帯していたのである。その後すぐ救急車を呼び、難を免れた。先生から、ラグビーで褒められたことは覚えがないが、「命の恩人」と呼ばれ、少しは恩返しができたかなと思っている。その後、夫人からも「カメのおかげで」といわれ続け、恐縮したものだ。私は後々まで、この一件は伏せていたので、意外と知られていない逸話だ。

さて、合宿には、全国から錚々たるＯＢが顔を出す。年に一度、来菅するのが楽しみの一つなのだろう。合宿の中日には、激励会が行われる。グラウンドに学生が勢揃いし、ＯＢ会長はじめ、関西、九州の重鎮の話に耳を傾ける。叱咤激励のあと、現役とＯＢたちがスイカを貪り食い、絆を深めるのである。

ＯＢは前日の夜、別途監督やコーチの激励会を催し、酒を酌み交わし、昔話に花を咲かせる。ＯＢたちが日頃の苦労を忘れて童顔に戻って話す姿は、何ともいえない。

こうして、二週間にわたり、猛練習、練習試合に明け暮れ、秋シーズンに向けて、体力・気力を充実させると同時に、戦略・戦術面をしっかり身につけていく。

ただ、一年生だった私などは、猛練習についていくのがやっとで、そういう面など考える余裕もなかったのが実情だ。

ただ、私事で残念なことが一つあった。合宿の後半に、実家から訃報が入った。祖母サワの急死である。なかなか言い出せなかったが、私が大好きだった祖母の葬儀には何としても出席したいとの思いが募り、思い切って相談をした。なんとか許可が出たが、二週間の合宿を完遂できず、菅平を去ることには、複雑な思いがあり、後々まで引きずった覚えがある。もし、今日《こんにち》判断したら、違うものになっていたかも知れない。やはり、理由はどうあれ、〝逃げたな〟と思われるのは猛練習より辛いことだ。

一年時のシーズンで「荒ぶる」を歌う

さあ、いよいよ秋のシーズンが始まる。

前年度、木本監督・井沢主将が率いた大学選手権決勝で涙を呑んだ雪辱の年だ。主将大東、副将小林をはじめ充実したメンバーが揃った。当時の試合は、リザーブ方式はなく、十五人のみの登録だ。怪我などで退場した場合は、補充なしで試合が続行される。過酷な戦いで、現代ラグビーとの大きな違いである。トライの点数も、現在の五点ではなく三点だった。

早大はシーズン当初から順調に勝ち進み、前年度決勝で敗戦した日体大も撃破し、慶応、明治にも勝ち、対抗戦で全勝優勝を果たす。

ここで、当時の私のエピソードを一つ、二つ紹介しておこう。レギュラーにはほど遠く、早大が当番校の試合ではボール運び係、またある時は得点掲示板（現在のように電子掲示板でなく手動）の中に入り、得点を入れ替えていた。競技場のサイドにあるが、かなり高いところに設置されている。そののぞき穴から戦況を見詰め、得点が入るたびに入れ替えるわけだが、間違えると大変なことになる。緊張の連続だったが、ただ一つ利点がある。のぞき穴からの見晴らしは大変よく、勝っているときは殿様気分になったものである。

もう一つ嬉しかったのは、当時の早慶戦、早明戦では、前座試合として二軍戦が組まれていた。私は、まだまだ未完成だったが、早慶戦の二軍メンバーに選ばれた。大変緊張したことを覚えているが、初めて秩父宮ラグビー場に足を踏み入れたとき、思わず涙がこぼれたことは、生涯忘れることはできない。

対抗戦が終わると、次は大学選手権だ。前年決勝で日体大に９対11で敗れて涙を呑んだが、これからが本当の戦いだ。当時、大学選手権は一月一日、三日、五日と、一日おきのハードスケジュールだった。現在では考えられないスケジュールだが、この日程は翌々年まで続いた（翌々年は、一月二日、四日、六日）。その後、年末を含めたスケジュールに変更された。先ほどのリザーブといい、このスケジュールといい、当時のラグビーの過酷さには言葉もない。

大学選手権では準決勝で明治を破り、決勝へと進む。相手は、前年苦杯をなめた、名将綿井永寿監督率いる日体大である。当時の日体大は全盛を誇り、素晴らしいラグビーを展開していた。

どこからでも選手が湧き出る。まさに十五人一体となったラグビーを展開しており、早大との戦いに並々ならぬ闘志を燃やしていた。ちなみに、早大日比野、日体大綿井両監督は、刎頸の友であり、同時にライバル心も強かったようだ。

この決勝戦は、案の定、接戦となるが、前半のリードを守り切り、14対9で勝利する。トライ数は、早大が二、日体大が三と、日体大が上回ったが、ペナルティゴールで勝りこの大試合を制した。大東主将はインタビューで「もう胸が詰まって何もいえません、ただただ嬉しい」とだけ語り、日比野監督も「選手と抱き合って涙した」と、『早稲田ラグビー史の研究』に記されている。

四度目の大学選手権の優勝であり、表彰式後は、当然「荒ぶる」の大合唱である。私は一年生でよくわからなったものの、目茶苦茶に嬉しかった。やはり、早大ラグビーは勝つこと、そしてレギュラーだけではなく、全部員が頑張ることがここにつながる。早大ラグビーの原点、伝統を一年時から肌で感じたことは終生忘れることはないだろう。

敵将綿井監督は、「気合い負け」と語っていたそうだ。

この大学選手権優勝のあと、もう一試合、日本選手権が待っている。一月十五日（成人の日）に、社会人の優勝チームと日本一を賭けて戦うのだ。社会人の王者は新日鉄釜石。釜石は、のち

旭日中綬章の叙勲祝いで日比野夫妻と（2013年）

に明大出身の森重隆、松尾雄治が加入して黄金時代を築いて有名になるが、その前の時代である。当日、二万人の大観衆が、秩父宮ラグビー場に駆けつけ、札止めになった。試合は、前半釜石にリードを許すが、後半に入り一気に力を爆発させ、得点を重ね、結果、30対16で快勝する。大学日本一の余勢を駆って、二度目の日本一を成し遂げたことは見事の一語。大東主将、小林副将の見事なリーダーシップと四年生の固い結束力が成し得た見事な勝利だ。

四年生には、大東、小林のほかに、強力スクラムの栗本利見、ロックの重鎮阿部憲之、機動力溢れる久保田勇（故人）、萩原隆男の両フランカー、そしてバックスには時代を代表する藤田康和、平岡惟史（故人）の二人が揃っている。また異色の選手もいた。熊谷真（故人）だ。静岡の高校時代は陸上の選手で、高校総体で一〇〇メートル走他二冠を達成したチャンピオンだ。十秒五の記録を持つ超アスリートである。華麗なる転身とまではいかなかったが、とにかく速かった。独走した時の姿を見ると、ただ呆然とし、言葉もなかった。

他の四年生も多士済々で、私はよく可愛がられた思い出がある。主務日野康英は、ユニークな人で、私は新宿の歩行者天国のど真ん中で、「コブラツイスト」をかけられてギブアップした思い出がある。また、心優しい（？）変人に近い先輩もおり、どう反応してよいのか、悩んだこともある。変人というより、奇人に近い部類か。

こうして、一年が過ぎていき、私も肉体と共に、精神的にも鍛えられていった。

また、監督の日比野は、初めての指揮で、大学選手権、日本選手権の両タイトルを獲得し、名将への第一歩を踏み出した。

私も、一年生からこの偉業達成の一部員として、何百分の一かの誇りと自信を持ったようだ。

そして私の大きな転換になる二年生時代に突入する。

先輩の怪我で摑んだレギュラー

二年生になり、私はようやく体力・精神力も向上し、練習についていく自信が芽生えてくる。一九七一年度の監督には、白井善三郎（前出）が就任する。当時、早大の監督は、サラリーマン監督も少なくなく、任期は基本一年で、毎年見直しがある。白井は、一九六八年度に続き二度目の監督だ。コーチには藤島勇一（故人）、日比野、梅井良治（故人）、和泉武雄（故人）他、その年も錚々たる顔ぶれだ。

藤島（元共同通信社）は福岡修猷館高校出身で、一九六七年度に監督の経験がある。柔和な顔で褒め上手だが、目はいつも笑っていなかった。酒をこよなく愛し、女性にも優しいジェントルマン。私は、現役時代そして卒業後も、本当に可愛がられ、数多く酒席を共にした。藤島の息子は、現在「ＪＳＰＯＲＴＳ」のラグビー解説者でお馴染みのスポーツライター藤島大である。彼のラグビー知識は、選手個人の情報の多さも含めて、当代随一だろう。ただ、解説者としては、少しもの足りなさを感じる時がある。

梅井良治コーチ（元フジテレビ）は、フォワード（ＦＷ）のスペシャリスト。スクラム、ラインアウト、ラック、モールなど、理論に優れた指導者で、元日本代表。日本酒が大好きで、毎夜、会社帰りは夜の街に。とくに、新宿にある「忠太寿司」をこよなく愛していた。

もう一人挙げると、フランカーのコーチを担当した和泉武雄である。愛媛県立松山東高校から早大へ進学。彼の指導も理論に優れ、また厳しい指導においても超一流（?）だ。「ラグビー熱血漢」という言葉は和泉のためにあるようだ。私の師だが、当時は顔を見るのも恐かった。

余談だが、白井、梅井、和泉は、後年、学生ラグビーの普及を念頭に、他大学の指導にも力を入れはじめ、帝京大学と東海大学には力を注ぎ込んだ。両大学とも、現在は学生界の強豪校としてすっかり定着している。とくに、帝京大学は、白井、梅井の他に、早大の後輩、水上茂（元帝京大学勤務）を加えて、増村監督を支え、現在の黄金期（岩出監督時代）の礎を作り上げた。

さて、その年度の主将には益田清（京都の花園高・元トヨタ）、副将には佐藤秀幸（前出・故人）、主務に高橋哲司（元栗田工業）が選出され、盤石の体制で大学選手権、日本選手権の連覇に向けてスタートを切った。

私は、「早大ラグビー」の本質がかなり理解できるようになり、練習にもすっかり溶け込んでいった。春のシーズンが中盤に差しかかった頃、私にとって大きな転機となった事故が発生する。

一軍・二軍との練習試合（紅白戦）の最中で、私は二軍のフランカーとして試合に出ていた。四年生のレギュラーフランカーだった佐藤正春（故人・元早稲田本庄高校勤務）がタックルを受け、大腿部を骨折する。佐藤は喚き散らし、悶絶している。私は間近でこの姿を見て衝撃を受けた。あっという間に、大腿部が倍ほどに膨れ上がっていくのを見て息を飲んだ。

佐藤は函館北高校出身で、厳つい顔つきで眼光鋭い。本人から直接聞いたことがあるが、父親はどうもテキ屋の親分だったようだ。たしかに彼の顔を見ると、それも頷ける話だ。

佐藤は、この大怪我が元でラグビーを続けられなくなる。厳つい顔が、ますます厳つくなり、近寄ることもできない。私と佐々木はとくに可愛がられていたが、声のかけようもなかった。

その後、大西先生の計らいで、福山大学、早大本庄高に勤務して頑張っていたようだが、のちに不慮の死を遂げる。

本当に悲しい出来事であったが、それにより私にチャンスが巡ってくる。私のポジションには、三年生に二人のライバルがおり、互いに切磋琢磨していた。次の紅白戦、佐藤に代わるのは誰なのか、まったくわからなかったが、結局、私がレギュラーに抜擢された。

その試合で、私は持てる力を精一杯出しきり、よいプレーができたようだ。それが、指導陣や主将に認められ、レギュラーへとのし上がっていく。佐藤の怪我が元だが、スポーツの世界とはこういうものなのか、何が起きるかわからない。私にとっては〝運〟で片付けるものではないが、「このチャンスを活かさなくては」と心に誓った。

一時の悲しみからふっ切れた佐藤が「神山、頑張れ！」と励ましてくれたことは、終生忘れない。

渾名「カメ」の由来

その後、レギュラーとして、徐々にではあるが私も力をつけていく。だが、好事魔多し、紅白戦で右手小指を脱臼する。タックルに行った際、運悪く相手の襟首に手がかかり、引きずられるようになり、小指が曲がってしまった。あまりの痛さに顔をしかめたが、せっかくレギュラーの座を射止めたのに、ここで退場するわけにはいかない。テーピングで応急処置を受けてプレーを続行した。なんとか試合を乗り越えたが、二、三ヵ月は痛みが消えることはなかった。医者にも行かず、薬指と小指をくっつけ、しっかりテーピングをして練習、試合に臨んだ。私は、ラインアウトでボールを投げ入れる役目があったので、それが一番辛かった。この小指は、自然治癒に任せたので今も曲がったままだ。

佐藤の例のように、一つの怪我が命とりだ。しかし、あの痛みによく耐えて、練習したものである。小指を見るたびに、私の勲章と思う。笑い話だが、小指は曲がっており第一関節から隠すことができるから、筋者《すじもん》と間違えられることもある。

春のシーズンでもう一つ思い出がある。私の渾名は「カメ」だが、梅井コーチの一言が由来である。ある雨の日の練習試合のことだった。ぐちゃぐちゃのグラウンド状態で、ラックから私が最後に這いつくばって起き上がってきた。その光景を櫓の上から見ていた梅井が「あいつ泥亀みたいだな」と、ふと漏らしたそうだ。その後、泥は可愛そうだからと、泥が取れて「カメ」と呼ばれるようになる。先輩、同輩からは「カメ」、後輩からは「カメさん」だ。

こうして春のシーズンも終わり、夏合宿へと向かう。夏合宿の内容は、一年時に記したように秋シーズンに向けての総仕上げだ。体力・精神力をつけるべく猛練習の日々だ。この夏合宿でのエピソードを一つ紹介しておく。

夏合宿では、和泉コーチに徹底的に絞られた。ある日、全体練習が終わりタックルの練習になった。一人あがり、一人あがり、残ったのは植山と私だけ。側で見守っているのは和泉。それから何本タックルしたかわからないが、ついに植山だけ「ＯＫ」が出たのだ。「え〜、俺は」と思ったが、私には「ＯＫ」のサインは出なかった。ふと周りを見れば真っ暗闇状態で、見上げれば月と満天の星。この月明かりの下、私のタックル練習は終わらない。いつまで続くのだろうと思った瞬間、突然頭が切れた。タックルマシーンを持っていた怪我人に向かって「包丁を持ってこい！　ぶっ殺してやる」と叫んでしまった。当然持ってくるわけはないが、これを機に和泉からようやく「ＯＫ」のサインが出たのである。

数十年後、藤島大と話をする機会があり、和泉の厳しさの話になった。私は世の中で一番恐いのは和泉だといったが、藤島は和泉から直接聞いた話をしてくれた。

「和泉は、常に、現在と未来を考えてチーム作りをしている。植山と神山は、四年生になった時、この二人がチームのリーダーになっていくのだろう、と確信し、徹底的に鍛えたのだ」

その胆力、眼力には驚くが、当時は知る由もなかった。和泉は超真面目で、酒を一滴も飲めない体質にもかかわらず、ラグビー談議になると、一晩、二晩徹夜でも平気だったようだ。

真のラガーマンが亡くなっていくのは、本当に寂しいことだ。

二年時はレギュラーとして学生日本一連覇に貢献

こうして、二年目の合宿も終わり、多少は心身共に充実し、菅平を下山し、秋本番へ舞台を移していく。

この年度のレギュラーメンバーは、四年生に、益田主将、佐藤副将をはじめ、高橋哲二、津留崎鉄二（故人・元博報堂）、萩原隆男（五年生）、藤井雅英（元東京海上日動火災保険）の六人、三年生には〝黄金のハーフ団〟といわれた宿沢広朗（故人・元三井住友銀行）、中村康司（元ニチロ）、プロップの田原洋公（元新日鉄八幡）ら三人、そして二年生からは、なんと六人が選出された。奥田、中村、神山、金指、堀口、植山だ。

関東大学対抗戦は、十月十日に初戦の東大戦を迎える。当時は、一九六四年の東京オリンピックの開会式を記念してこの日が体育の日として祝日になっており、「早大対東大戦」はこの日が恒例だった。

対抗戦は順調に進み、慶応を30対16、明治を大接戦の末、6対4のロースコアで制し、前年に続き対抗戦全勝優勝を果たす。

いよいよ、大学選手権連覇を目指し、正月を迎える。準決勝は、関西の雄同志社大学である。東西両雄の対決で、秩父宮ラグビー場は大観衆で溢れ返った。結果は、辛勝だった印象があるが、スコアは24対8で、決勝へ駒を進める。

ただ、この試合で、チームの要・宿沢が左脇腹を負傷し、試合後、鉄道病院に運ばれ、二日後の決勝戦までには回復しないとの報を受ける。

そして、一月五日、大決戦の日を迎える。相手は法大だ。選手は、一日おきの試合で、体力・気力も限界に近づいているが、相手も然りである。

試合当日の天候は、生憎雨だった。バックスの機動力を生かす早大にとっては、この天候は、嫌な感じがしないわけでもなかったが、当然雨対策の練習もしっかりこなしてきている。

試合は接戦となったが、18対3と勝利する。この戦いは、全部員の勝利に対するあくなき執念が実った結果だが、あえて二人の立て役者を記したい。

一人は宿沢の欠場の穴を埋めた四年生のスクラムハーフ清水徹だ。早実出身で能力の高い選手だったが、宿沢の陰で出場機会に恵まれなかった。しかし、清水はこの晴れ舞台で四年間の努力をすべて出し切り、最高のプレーを演じ、大輪の花を咲かせるのである。

清水は、試合後「脇役だっていいんです。ワセダでプレーすることで満足なんです。出る出ないの問題ではなく、ワセダが勝つ。それだけでいい」と語った。白井監督も清水を絶賛した。「よく頑張ってきた。へこたれずよく精進してきた。普通ならヤケになったりするのに、我慢してワザを磨いてきた、控え選手の基本です。今日の優勝は、彼の精神の賜です」と（『早大ラグビー史の研究』より）。

もう一人の立て役者は、同期のウイング金指だ。金指が決めたトライが、接戦だったこの戦いの流れを変えることになる。後半、秩父宮ラグビーを覆った暗雲を振り払うように生まれたトライだった。

中村（康）の蹴ったボール（ハイパント）がミスキックで、大きく飛んでしまう。これを見た観客スタンドの早大ＯＢからは、「バカ」と声が飛んだそうだ。しかし、ラグビーはわからない。双方の選手は、当然ドロップアウトと思って動きが止まったようになったその時、左ＷＴＢの金指が一〇〇メートル十一秒一の俊足を飛ばして猛然とボールを追っていく。そして奇跡が起きる。

なんと、中村のミスキックのボールがゴールポストにあたり、跳ね返ったボールが突進していった金指の懐にすっぽり入り、そのまま飛び込んでトライとなる。場内騒然だ。このトライで、早大への流れが決定的となり、学生日本一（連覇）に輝く。読売新聞の記者大塚（前出）は、「勝利を呼んだ執念」と記し、この無心のトライを褒め讃えた。

この二人の大活躍は、後々まで語り継がれていく。試合後、二年連続で「荒ぶる」の大合唱である。私も選手として、この輪に入ることで、大きな自信を摑んでいく。

日本選手権も連覇

さあ、十日後には日本選手権だ。日本選手権は、今回で九回目を迎える。学生として、勝利すれば初の連覇達成である。二年生が六人と、若いチームだったが、一戦ごとに力を蓄え、益田主将の下、大目標達成に向けて強力な集団になってきた。

相手は三菱自工京都だ。相手主将はフッカーの小俣忠彦で、センターには横井章がいる。両名は早大ラグビー部ＯＢで、日本代表の常連でもあり、稀代のラガーマンである。この二人を中心に、高校出身の選手を鍛え上げ、非常に結束力の固いチームを作り上げ、社会人の強豪を次々となぎ倒して日本選手権まで勝ち上がってきた。

この試合は、大学選手権決勝戦同様、雨模様で芝も剝げてしまい、グラウンドは決してよいコンディションではなかった。早大には不利な状況に思われたが、それも何のそのだ。前半には、藤井、復帰した宿沢と、二つのトライを獲り、相手を一トライに抑え、10対4でハーフタイムを迎えた（この年度から、トライが三点から四点に変更になる）。

ハーフタイムの記憶はあまりないが、ユニフォームも顔も皆泥だらけである。この試合、早大のジャージは白だった。早大の象徴である臙脂と黒のジャージでなくこの色になったのは、三菱自工も同じような色のジャージだったからだ。白だけに、泥がよけいに目立った。

当時のハーフタイムはグラウンド内での五分間だった。水分補給、監督の指示、主将らリーダーの檄を聞いていると、あっという間に時間が過ぎていく。現在のように十分ぐらいはほしかったと、今になって思う。いったんロッカールームに戻り、作戦タイムも取れるし、サッカーの十五分間ハーフタイムを考えても、必要な時間だろう。

さあ後半、残り四十分の闘いですべてが決まるが、最後に最高のドラマが待っていた。

後半、三菱自工にトライを許し、ペナルティゴールも決められ、10対11と逆転される。残り約十分、ここで早大は耐える。五、六分膠着状態が続いたが、奇跡が起こる。相手ボールのスクラムだったが、高橋が、先輩小俣からボールを奪い、素早く左へ展開する。宿沢から金指へボールが渡り、金指が前進する。これに神山、津留崎がフォローし、ラックから、これまた素早くボールを出す。そして右に展開した。センターの佐藤にボールが渡った時には、相手ディフェンスが早大の速さについてこられず、右ウイングの堀口がノーマークの状態で待っていた。

場内は、騒然となったようだ。私は、ラックから立ち上がり、ボールの行方を見ながら走っていた。これで堀口がノックオンせずトライすれば逆転だ。おそらく、誰もがそう感じたと思うが、なんと佐藤はボールを蹴ったのだ（ゴロパント）。

観客席は、「あ〜」という声（悲鳴）と同時に、一瞬静まり返ったようだが、私も正直、一瞬天を仰いだ。

だが、ここからが奇跡である。最悪のグラウンド状態にもかかわらず、佐藤が蹴ったボールがマジックにかかったように、堀口の目の前でポーンと跳ね上がった。堀口は、ボールを落とすことなく、しっかり懐に収め、右隅に飛び込んだ。大逆転のトライである。

この「トライシーン」は、何十年経っても語り草となっている。しかし、あのドロンコグラウンド状態で、あのプレー。成功率は一割にも満たないのではないか。一方の佐藤は、雨の日のグラウンドで、これまで何度も何度も練習を重ねてきて、自信を持って決断したようだ。決して偶然の産物ではなかったのだ。私は、それ以上の言葉がない。

そして、残り時間を耐え切ってノーサイド。このノーサイド瞬間の写真（モノクロ）は、宝物としてわが家に飾ってある。しかし残念なことに私と抱き合っている、宿沢と金指はこの世にいない。この写真を見るたびに、「彼ら二人分も生きなくてはな」と思うときがある。

まさに、死闘といっても過言でない決勝戦を制し、日本選手権連覇である。前年度に続いて、大学選手権、日本選手権の制覇だ。私が入部してから、早や四回目の「荒ぶる」の大合唱であ

大学2年時、日本選手権で三菱自工京都を破り優勝。６番が私

る。考えてみれば、「荒ぶる」を唱えるのは、大学選手権、日本選手権で優勝した時のみなので、二年間で四度の「荒ぶる」は最多ということだ。

この日本一は、益田清主将以下、部員全員の結束、白井監督の見事な手腕、そしてそれらを陰から支えたコーチ陣、とくに小さなＦＷを鍛え上げ、相手と互して戦える集団を作り上げた梅井コーチの指導力は、高く評価されている。

ちなみに、当時の四年生は、卒業後、「連覇会」を結成し、白井と梅井を囲み、毎年飲み会を開いていた。

私たち二年生も、「成人の日」を日本一で飾ることができ、最高の一月十五日となった。前述したが、私の中学同期連中が、成人の日の懇親会を延期してくれたので、次の休日に故郷に帰り、晴れて大酒を飲むことができた。

オフには、「おじちゃん」の文書課で、またバイトに情を出す。私は、奨学金制度を活用していたが、仕送りも限界があり、バイトでなんとか遣り繰りをしていた。仕送りといえば、姉の絹子は、よく援助してくれた。手紙といっしょに、二千円、三千円が同封されていた。当時のお金としては、バカにできない金額だ。一杯の日本酒が六十〜七十円、一杯の立喰いそばが五十円ほどの時代である。絹子への恩返しとして、社会人になって帰郷した際に甥っ子に小遣いをあげ、ほんの報いの気持ちを伝えている。

宿沢広朗主将

一九七二年度、早大ラグビー部はいよいよ悲願の三連覇に向けて始動する。早大は、前年度の連覇を含め、過去六度にわたり二連覇を達成しているが、なぜか三連覇は成し遂げていない。

この年度の監督には、松元秀雄（元順天堂大学教授）が就任する。松元は、二十代の若さでの登場だ。現役時代はスクラムの強さに定評があり、また前年度まで、日比野、白井監督の下でコーチを経験し、その指導力が買われての抜擢だ。

私は、なぜか松元に可愛がられ（気性が似ているといわれる）、卒業後も、たびたび酒席を共にし、現在に至っている。松元の渾名は「ボリボリ」である。「ボリボリ行こう」というのが癖だった。コーチ陣には、藤島、和泉、矢部、芝崎、藤田と、充実した布陣だった。

主将には宿沢広朗、主務には大塚守男（故人）が就任する。宿沢の主将就任は妥当な選出だった。宿沢は文武両道に秀でた人格者。まさにそれを地でいく代表格である。熊谷高校から早大政治経済学部に入学し、ラグビー部に入部する。私同様、推薦制度によるものではなく、入学後、何度か東伏見のグラウンドを訪れ、こっそりと練習を見ていたそうだ。そして、意を決して門をたたいたそうだ。

その選手が、いきなり一年生からスクラムハーフのレギュラーに抜擢され、不動の地位を築いていく。当時監督の木本、主将井沢の慧眼に驚く。

宿沢は、卒業後当時の住友銀行に入行し、着々と階段を上っていく。同時に、ラグビーにおいても、学生時代より日本代表で活躍し、三十八歳で日本代表の監督に就任する。代表監督時には、スコットランドに初めて勝利し、ラグビーワールドカップでもジンバブエを倒し、初勝利を挙げる。一九九四年には早大で監督を務めた。

のちに、ラグビー協会の専務理事、日本代表強化委員長を歴任し、まさに日本ラグビー界においても獅子奮迅の活躍をみせる。

一方、住友銀行でも、ロンドン勤務などで実績を重ね、専務執行役員に就任する。頭取一歩手前、周囲の期待を一身に集めていたそのとき不幸が起こる。地元熊谷に近い赤城山に登山中、突然心筋梗塞に襲われ、帰らぬ人となる。享年五十五。

宿沢を襲った悲しみに、住友銀行、日本ラグビー界に衝撃が走った。葬儀は築地本願寺で執り行われたが、大勢の弔問客で溢れ返った。私たち同期も部歌斉唱で見送ったあと、築地の寿司屋で悲しみの献杯をし、思い出話は尽きることがなかった。

話は、三年生としてのスタートからそれてしまったが、宿沢のことを思うと勝手に手が動いてしまった。

充実するレギュラー陣

話を本筋に戻すが、一九七二年度は宿沢を中心にしたチーム作りが進んでいく。宿沢とコンビを組む司令塔ＳＯには、三年生時からコンビを組む中村康司がデンと構えている。前述のとおり、宿沢と中村のＨＢ団は、当時の学生界では黄金コンビだ。

中村は函館北高校出身で、俳優でいえば、今の人は知らないと思うが、成田三樹夫風（当時、ヤクザ映画の名脇役）。ストイックな性格で、ラグビーでは妥協を許さない。彼の正確無比のハイパントは、チームにとって大きな武器だった。

そして、彼らを支える四年生には田原洋公（前出）、新たに星忠義がロックの座を獲得する。田原は福岡城南高校出身で、超真面目な性格。梅井コーチに徹底的に鍛えられ、レギュラーの座を摑んだ苦労人だ。彼は左のプロップ（１番）なので、スクラムでは私は彼のお尻を二年間押すことになる。

星は早実出身で、卒業後博報堂に勤務したのち、自分で会社を興し現在に至る。共同経営者には、写真家の浅井慎平も名を連ねていたそうだ。星とは、いまなお続く飲み友達で、彼の笑顔は何ともいえない。菅平に別荘を持ち、夏合宿で菅平を訪れたＯＢたちで年一回賑わうのが恒例だが、このところご無沙汰である。

以上の四年生に加えて、二年生からレギュラーだった六人の三年生が健在で、新たに浜野政宏がフッカーに加わる。他の同期佐々木と台も、レギュラーと同等の技量を持ち、いつでも出場の機会をうかがっている。

下級生には、二年生の石塚武生（故人・国学院久我山高）、一年生には、十九歳で日本代表に選出された藤原優（日川高）、佐藤和吉（国学院久我山高）、水上茂（日川高）、畠本裕士（大分舞鶴高）が、レギュラー組に入ってくる。

石塚はラグビーのために生まれてきたような人間で、朝から晩までラグビーのことを考えている。ここまでストイックにできる人間は、なかなかお目にかかれない。私の後任の主将に就任し、学生日本一に輝いた。その後、リコー、伊勢丹に勤務、また協会の仕事もしてラグビー人生を全うする。日本代表では、長年にわたり活躍、不動のフランカー（7番）となる。タックルマンは、彼の代名詞であり、多くのファンに親しまれた。なぜか彼は、生涯独身を通し、最後は、茨城の常総学院でラグビー部監督を務めている最中の某日、アパートの一室で遺体が発見された。突然死ということだが、真正直に取り組んできたラグビーが頭から離れることがなく、いつの間にか体が蝕まれていたのだろう。悲し過ぎる死であった（享年五十七）。

藤原は日本ラグビーのウイングとして、歴史に残る一人だろう。猛獣を思わせる走力、タックルなど、いずれも超一流だった。一世を風靡したスターだが、難点は怪我が多かったことだろう。私などの駄馬と違って、繊細な筋肉なのだろうか。肉離れが多かった気がする。それさえなければ、世界に通用する大スターになっていたと思う。卒業後、丸紅に勤務し、世界各地で活躍したようだが、のちにコンサルタント業に転じ、彼のネットワークを生かした仕事をしているようだ。彼には、私の古希祝いの会の幹事役を仕切ってもらった。一見、気難しい面もあるが、佐々木と私を親っていたようだ。

水上は藤原と高校の同窓、水上が主将だったようだ。人間性を見れば頷く面もある。天性の技量には秀でたものがあり、また理論家であり、バックスのユーティリティプレーヤーである。卒業後は博報堂に入社。のちに帝京大学に転身し、ラグビー部のコーチを務め、現在の帝京大の礎を築く。彼は、佐々木と私の秘蔵っ子であり、のちに紹介する私の「東京の父」の姪と結婚することになる。

佐藤和吉は、入部後、ＷＴＢからナンバーエイトに転向し、一年生から抜擢される。豊富な運動量、負けん気の強さが彼の大きな武器だ。

畠本は一見ひ弱さを感じるが、走力、技量など、大分舞鶴高仕込みの頭のよさを兼ね備え、一年生から抜擢される。

こうした選手を中心に、春の練習を乗り越え、夏合宿へと向かっていく。課題は、なんといってもスクラムだろう。松元の下で、徹底的に強化してきたが、夏合宿では、さらに上を目指していかねばならない。秋本番の最大の敵は、おそらく明治大であろう。

明治は、このところ低迷期が続いていたが、「五ヵ年計画」を打ち立て、復活に向けて戦力が整ってきたようだ。スクラムは以前から定評があり、大西鐵之祐と並び称される日本ラグビーの巨星北島忠治監督の下、虎視眈々と日本一を狙っている。メンバーには高田主将（元日本代表）、西妻、吉田（純司）、田口、境（私の同期で主将）の巨漢FWを揃え、バックスには小松、千葉の両巨漢センター、ウイングには、横山、渡辺の俊足がいる。さらに、一年生には、のちに日本ラグビー界のスターになる、笹田学、松尾雄治が台頭し、豪華メンバーが出揃い、今思うとゾッとする。

話は変わるが、夏のオフには、楽しいそして少し気が休まる出来事があった。当時、福岡・北九州のOB会から、両市の高校生ラガーマンに向け巡回コーチの話があった。主催は福岡県ラグビー協会で、当然早大OBの重鎮も名を連ねている。記憶は定かでないが、福岡は九州電力のグラウンド、北九州は名門小倉高校のグラウンドで開催され、たしか両方とも四、五日の日程だったと思う。早大からは、宿沢他五人ほどが参加したと思う。連日暑い日が続いたが、午後、三時間ほど指導した。九州はラグビー熱が盛んで、自然と指導にも力が入っていたようだ。

一方で、練習が終わると、楽しい二部の練習（?）だ。福岡・北九州のOBが、手ぐすね引いて待ち受けていた。毎晩豪華な食事を、身銭を切ってご馳走してくれるのだ。連覇のおかげかはたまた三連覇への期待なのか、とにかく最高である。昼は指導で汗を流し、夜は会食で英気を養う。これが十日間ほど続いた。ちなみに、私は四年生の時にも、同じ経験をさせてもらった。改めて、ＯＢの凄さ、ありがたみに感じ入った。束の間の時間だったが、帰京と共に、夏合宿へと向かっていく。

三連覇に向けて

さあ、三連覇に向けて、菅平合宿である。この合宿でのテーマは、大きく分けて二つあった。一つは、スクラムの強化。もう一つは、バックスのさらなる進化だ（これは永遠のテーマでもあるが）。

フォワードは前年度からのレギュラー四人（田原・奥田・中村賢・神山）が残っている。新しくレギュラーに加わったのは、フッカー浜野他三人だ。浜野は、スクラムでの駆け引きに長け、強い性格もあり、スクラムを引っ張っていく。早大スクラムの特徴は、どこにも負けない低い姿勢で組むことにある。スクラムポイントが決まるといち早く八人が集まり、相手が構える時にはすでにセットしている。低いスクラムは足腰が弱ければ、絶対に組めない。浜野は、このまとめ役を見事にこなしていく。

ロックの星は四年生になってレギュラーになるが、実力的には前任者と遜色なく、なんの違和感もなくフォワードを引っ張ってくれた。

右のフランカーには石塚が定着する。前述のとおり、タックルが強くかつ前に出る力がある。石塚はタックルが注目されるが、高校時代ウイングをやっていた経験もあり、トライを獲る嗅覚がある。私と石塚は、両フランカーとして、二年間コンビを組むことになる。

問題はナンバーエイトだ。前年度主将の益田の穴をどう埋めるのか。候補には、二年の山下治（故人・元博報堂）、一年生の佐藤和吉（前出）の名が挙がる。山下は、日川高校出身で、体にも恵まれ身体能力にとても秀でた選手だ。この能力は、長い早大の歴史の中でも五本の指に入ると私は思っている。惜しむらくは精神力の弱さである。

一方で、佐藤は前述したとおり疲れを知らない豊富な運動量と気性の激しさを武器に、どんどん成長していった。結果的には、一年生の佐藤が、ＦＷの要、ナンバーエイトの座を射止める。

こうして、スクラムの強化を図り、以前からの早大ラグビーの特徴であるＦＷの走力に磨きをかけ、二週間にわたって戦える集団を作っていった。

バックスは、前年度からの宿沢・中村（康）のＨＢ団、不動のＦＢ植山を軸に、コンビネーションのさらなる充実を図っていった。

ただ懸念材料があった。両ウイングには、金指・堀口・佐々木の絶対的切り札が揃っていたが、両センターに誰を据えるかだ。首脳陣は、藤原をウイングから転向させる。もう一人は、同じ一年生の畠本だ。この一年生コンビは、前述のとおり実力的には申し分ないが、何せ一年生。不安があったが、こういう采配をするところが、当時としては、早大ラグビーの神髄だったのだろう。

バックスは、この布陣を中心に徹底的に鍛えられる。

そして、二週間が過ぎ〝自信〟を胸に下山する。

さあ、三連覇へ向けての秋本番だ。

対抗戦は、序盤こそ予定どおりだったものの四試合目でつまずく。対日体大戦である。日体大は有賀（元日本代表）を擁して、果敢に挑んできた。有賀は、当時を代表する快速ウイングであり、息子も日本代表で長らく活躍した。日川高校出身で、藤原の先輩だ。日体大の勢いは凄まじく、一時十点のリードを許した。だがここから粘り、逆転には至らなかったが、なんとか23対23のドローに持ち込んだ。

この一戦は、のちの慶応、明治戦に向けて、改めて気を引き締めるよい機会になったような気がした。

早慶戦は、そのシーズン最高の大観衆の中で行われた。慶応の戦法はキックアンドラッシュであり、慶応のお家芸だ。早大は慶応の作戦を熟知しており、またFWが互角以上に戦い、慶応の縦攻撃も好ディフェンスで慶応の強力FWを封じた早大FWのしぶとさが光り、あわせて宿沢主将のリードが際だった試合でもあった。試合後、松元監督も「目算どおりのゲーム」と語り、慶応をノートライに抑え、19対3で勝利する。

次戦は、対抗戦最終戦、明治との対決である。明治は「五ヵ年計画」の下、着々と戦力を整え、十年ぶりの対抗戦優勝に向けて、並々ならぬ闘志で向かってきた。強力FWに加え、バックスも多士済々、強力なタレントが揃っている。

この試合を観ようと、秩父宮ラグビー場には早慶戦を上回る大観衆が詰めかけた。明治は前評判どおり、FWがスクラム、ラインアウトで上回り三トライを許し、前半を9対14で折り返す。しかし、後半に入り早大はバックスの強烈なタックル、FWもしぶとく頑張り、後半は明治を零封し、堀口の決勝トライを生むことになる。スコアは、19対14。まさに、早大の勝利への執念が、最後にものをいった試合であった。

早大のトライは、二つであったが、金指、堀口の両ウイングが挙げたもので、早大らしい、そして頼りになる同期だ。

早大三連覇に立ちはだかった明治

ここまでは、順調にきたが、いよいよ一ヵ月後は、三連覇へ向けた大学選手権である。日程は一月一日、三日、五日から、二日、四日、六日（決勝戦）に変更になるが、ハードスケジュールは変わらない。当時は、日本ラグビー協会に異議申し立てをすることなど一切考えられなかった。本来ならば大学側が協会としっかり話をし、健康問題を考慮して対策を練るべきだったろう。決勝まで進むと、限界を超えた戦いになるが、人間の身体の奥深さは、計り知れないものがあるのだろう。結局、できてしまうから不思議だ。

さあ、残り三試合だ。

二日の大学選手権一回戦は中京大を20対0で破り、四日の準決勝を迎える。相手は慶応だ。ただ、この試合では不安材料があった。一回戦では新人ながらも猛烈な突進力で、バックスの切り札的存在に成長した藤原が鎖骨骨折、またエース堀口が腰の打撲で欠場を余儀なくされる。しかし、代役を務めた一年生の水上、四年生の佐々木が二人に代わって遜色ない働きを見せた。

大役を務めた水上は、「無我夢中だったけれど、キャプテンの指示どおり動けた」と満足の笑顔を見せた。佐々木は、元々堀口と同等の力を持つウイングだったので心配はしていなかったが、「ゆとりのある試合ができた」と、これまた笑顔が弾ける。試合は22対6の快勝で、決勝へ駒を進める。私もこの試合でトライを挙げた。

一方、明治も順調に勝ち上がり、決勝に進出する。

いよいよ六日の決勝戦、早明の戦いだ。メディアも「やはり早明決戦」と決勝戦をあおり、新聞各紙で報道された。

早大は、決戦当日の朝、部員全員で恒例の東伏見稲荷神社に詣で、三連覇への祈願をする。その後、各自思いを胸に決戦の場へと赴く。

試合当時、天気は快晴。秩父宮ラグビー場は大観衆で埋まり、今か今かとキックオフの笛を待ち望んでいた。

試合直前、ロッカールームで最後の儀式。松元監督、コーチ陣の檄を受け、最後に大西鐵之祐の鬼気迫る言葉がある。その頃は、ほぼ全員が涙しながら「部歌・北風」を斉唱し、宿沢主将を先頭にグラウンドへと駆け出していく。

両校の選手が入場すると、大観衆の声が、異様な形で場内に響き渡るが、それを見渡す余裕などまったくない。

数分後、キックオフの笛が鳴る。私は、いつの試合でも、この笛が鳴るまでは緊張するが、笛が鳴ると不思議と落ち着くのだ。

早大メンバーは、準決勝に続いて藤原が欠場したが、堀口は復帰する。

試合は、早大ペースで進み、堀口のトライと、ペナルティゴールで前半を9対3とリードしてハーフタイムを迎える。ここで、松元監督の語り草となる言葉がある。具体的な指示は覚えていないが、突然指を突き出し天を仰ぎ「皆、空を見上げろ」と。全員、雲一つない真っ青な空を見上げる。すると「素晴らしい青空だろう」といった。それだけだが、私はフッと笑みがこぼれ、リラックスできた覚えがある。真意はわからないが、「青い大空のような気持ちで、後半ガンバレ！」との思いで発した言葉だと、私なりに解釈している。

そして後半に突入するが、最後の最後に劇的なドラマが待ち受けているとは知る由もない。後半早々、早大はペナルティゴールで、追加点を挙げ12対3とリードを広げる。しかし、明治はこの試合で、異様なほど食い下がる。二つのペナルティを決められ、いつの間にか、12対9まで追い上げられた。

残り十分、これからがまさに死闘だ。明治の怒濤の攻撃に対し、早大は必死のタックルで防戦する。スタンドは、悲鳴が飛び交う騒然とした雰囲気になっていたようだ。

残り二分、ついに早大が力尽きる。

明治はラックを起点に松尾からバックスに展開し、左ウイングの渡辺貫一郎が左隅へ飛び込んだ。トライだが、このトライは物議を醸す。当時のタッチジャッジは両校のOBが務めていたが、たまたま飛び込んだ側のタッチジャッジは明大側だった。彼は思わず、バンザイしたかのように旗を上げた。

私はその時、逆サイドから戻ったが間に合わず、その場にへたり込んだ。すると、トライ側の観客席が騒然となった。トライ前、渡辺がタッチラインを踏んでいると、多くの観客が立ち上がって抗議をする。早大の選手も「タッチに出た」と抗議し、悔しがる。私もたしかに足跡があるように見えた。ラグビーではいうべきことではないが、明らかな誤審（?）であったように思う。しかし、現在のようにTMO（ビデオ判定）があるわけではない。レフリー絶対の時代なので、潔く認めざるを得ない。宿沢主将も、抗議しようとする選手に対し、「早大生らしく、最後まで堂々としていろ」と叱咤し、見事なキャプテンシーを発揮する。

このトライでノーサイド。12対13の逆転負けで、夢の三連覇は潰えた。早大の三連覇に立ちはだかったのは何なのか、いまだにわからない。

一方、明治は素晴らしい戦いをした。強化が実り、十年ぶりの古豪復活である。これを機に、伝統の「早明戦」として、のちに数々の名勝負を繰り広げていくことになる。

宿沢から託されたバトン

最後のトライシーンについて少しふれておく。トライ云々はさておき、このトライは、獲られるべくして獲られたトライだった。翌年度、監督になる日比野が、部員に対して最初に行ったミーティングで、この時の話をされた。ボードを使って非常にわかりやすい分析をしてくれた。詳細は省くが、ディフェンスにおいて、決めていた役割分担が微妙に崩れた。しかも、主力である宿沢、中村（康）、植山、堀口、石塚の名前を具体的に挙げ、彼らが一歩、半歩ずつ遅れたことがピンチを広げたという説明だった。そうさせた明治の素晴らしさもある。一年生の松尾にしてやられたか。とても納得のいくミーティングで、正直いって、私も目からウロコが落ちた。

試合後は、祝勝会が慰労会に変わり、一瞬通夜のような雰囲気になったが、酒と共に徐々に和やかになり、互いに健闘を讃え合った。そして、私たち三年生以下は、来年の雪辱を四年生に誓い、時間が過ぎていった。私はその夜は、松元監督と最後まで飲み明かし、いつ寮に帰ったか記憶になかった。

さて、オフに入ると、二月に東西学生対抗試合が名古屋の瑞穂競技場で行われる。私は、東軍（関東）学生の代表に選出された。試合は省略するが、試合後、早大から選出された宿沢以下五、六人だったと思うが、名古屋の重鎮ＯＢである犬飼久義（故人・元名古屋市会議員）の自宅に招かれ、慰労会が催された。大変なご馳走を堪能し、宴も半ばに入っていく。

突然、宿沢から私に話があった。

「次の主将はお前だ。明日、大学で任命式があるので、朝一番の電車で帰京する」

私は酒も進みほろ酔い気分で、「宿さん、冗談はやめてよ」といい返したが、宿沢は真顔だった。私はスーッと酒が抜け、真っ青になった。どう取り繕ったかは今でも思い出せない。私の年代は、前述のように、二年生から六人がレギュラーになっており、力量においても私が主将になることは、想像すらしていなかった。

私は、植山、中村（賢）、奥田、堀口の中から選ばれると思っていたが、まさかのまさかである。青天の霹靂というべきか、驚天動地の心境だった。当時、主将の選任は四年生と監督が総意で決め、大学が承認する運びになっていた。

宿沢は、なぜか理由を語ってくれなかったが、卒業後何かの折りに聞いてみた。「なぜ私が」と尋ねたところ、「お前が一番悪かったから」と答えられた。私の代は、各自個性が非常に強く、一癖も二癖もあるキャラクター集団だった。

主将という大役

最終学年は、新庄嘉章部長、日比野監督、神山主将、中村（賢）主務他、委員には植山他五人が選出される。

コーチには、坂内雅弘（故人・元テレビ朝日）と宿沢が加わり、盤石の体制を敷く。

ここで、少し新庄部長にふれる。新庄は、一九六六（昭和四十一）年から早大ラグビー部部長に就任、十年間にわたって務められた。早大教授で、フランス文学の権威である。温和で洒脱な人物で、酒をこよなく愛し、いつも笑みを絶やさない。私も長く可愛がってもらい、よく新宿にある「どれすでん」という洒落た店に連れていってもらった。とても学生の分際で行ける店ではないが、社会人になってから、よく利用させてもらった。思い出深い部長であり、早大ラグビーの黄金期を支えていただいた。このような人の許に神の恩恵が降り注ぐのだろうと、つくづく感じる。

さあ、最終年のスタートだ。主将として大役を仰せつかり、前年度の雪辱を誓っての船出であ

1972年度の予餞会で主将就任の挨拶をする

る。スタートにあたり、己にいい聞かせたことがある。休日以外の酒断ちだ。現在では考えられないが、当時は学生の分際で、よく飲んだものである。同期には酒豪が多く辛い判断であったが、それに優るものは「勝つこと」だ。

　こうして、同期仲間に支えられて、練習に邁進する。この年度には新たに豊山京一（元日本代表）、南川洋一郎（元日本代表）、星野繁一（元日本代表）、橋本裕一など、多士済々な一年生が入部してくる。彼らの年代も、見事日本一に輝き、私もコーチとして支えた。

　またこの年、部員の正装を学生服からブレザーに変更した。宿沢の時代に話があり、学生服派とブレザー派に分かれて議論したがまとまらず（私は学生服派であった）、私の代から採用することになった。学生ラグビー界では、明治が前年に採用し、一年遅れた。宿沢時代に決めておけばよかったかなと思う。その後、時代の趨勢で、各大学も続き、学生服とは無縁になっていく。

こうして春のシーズンが始動していくが、チーム一番の課題は、宿沢と中村（康）の抜けたスクラムハーフ、スタンドオフのHB団だ。その他いくつかのポジションの後釜に、誰を据えるかの課題があった。SHには三年生の喜多哲夫（故人）がいた。彼は名門灘高校出身の秀才で、卒業後住友商事に入社して役員にもなった。彼が一番手だったが、少しもの足りない。そんな状況の中、一年生の辰野登志夫が現れる。青白く細い体だったが、芯が強く意外と気性が激しい。ただ、体力的にはまだまだ高校生の域を出ていないので、徹底的に鍛えることにした。当初は、全体のコンビネーション練習では、FWのポイントに遅れることしばしばであったが、日一日と成長していった。夏合宿までに、どこまで成長するか楽しみであった。

SOは同期の台と、これまた一年生の星野とのポジション争いが激化し、首脳陣の悩むところだ。

ロック星の後釜には、同期の川内が定着するが、三年生の横山健二も控えている。FWでの一番強化すべきは、左プロップ田原の後釜だ。このポジションには、佐野厚生（故人）を抜擢した。彼は宇高出身で私の一年後輩だ。彼は、大学でラグビーを続けるつもりはなかったようだが、私が強引に両親共々説き伏せて入部させた男である。私には、どうしても直系の後輩がほしかったのでホッとした。以降、宇高から早大ラグビー部には何人もの選手が入部し、それなりの活躍を見せてくれた。

佐野は私と同様バックスからの転向組だが、どちらかというと物静かな、ニヒルな男。だが酒が入ると、一転して饒舌になり、歯に衣着せぬ正論は非常に的を射ていた。風貌に似ず理論家であり、かつ努力家でもある。一年時にプロップに転向したが、それから二年間、松元コーチの薫陶を得て、メキメキ力をつけていった。低い姿勢で、我慢強く組むスクラムは、早大プロップの手本だ。

この後輩には逸話が多い。一年時の春シーズンの最中、雨の翌日のグラウンド整備が嫌になり、同期が集団脱走する。一日経って戻ってくるが、その後が悪い。佐野は私と同室であったので、私は烈火の如く怒った。すると部屋から出て行ったまま門限を過ぎても戻ってこない。私は心配になり、東伏見、武蔵関公園など可能な限り一晩中探し回った。一瞬、嫌な予感が頭をよぎったが、結局見つからなかった。

数日後、宇都宮の友人から電話が入る。「佐野を見かけたが、オフになったの?」というではないか。ホッとすると同時に、一瞬私の頭は熱くなったが、冷静さを取り戻し、温かく迎えようと決心し、一件落着する。

彼は、私を超える酒豪だ。卒業後、早大教職員となり、結婚して二子をもうけたが、生活態度に多少問題があり、私も何度か注意したことがあった。結局、改まらず、酒が元で五十半ばに逝去する。

話はそれたが、一つ嬉しいニュースがあった。山下治が、春シーズンで絶好調だったのだ。精神的に大きく成長を遂げてきた。前述したように、彼の欠点は〝心〟の問題だけ。それが払拭されれば鬼に金棒だ。一方で、一年生からレギュラーを獲得した佐藤は、少し伸び悩んだが相変わらず元気だ。どちらをナンバーエイトに起用するか、悩ましい判断になる。

こうして、春のシーズンは、課題を克服すべく猛練習を重ね、七月オフに入る。

就職活動

この年のオフは私にとって大変重要な時となる。就職である。就職先の面倒を見てくれる諸OBが沢山いたが、その元締めは小林忠郎（故人・元日本ラグビー協会専務理事）だった。小林からは、「お前はトヨタか新日鉄に就職しなさい」といわれたが、私は体も小さいので、ラグビーは学生で終えて、社会人になったら仕事で頑張ろうと心に決めていた。

当時、早大ラグビー部主将であれば、引く手数多といわれていた。その年の就職解禁日は十月一日だったが、メディア関係だけは例外で、とくにテレビ局の解禁日は七月一日との情報が入ってきた。メディア関係はまったく想定外だったが、解禁日が早いので、おそらく七月中には内定が出るだろうと思った。早く決まれば、八月からはラグビーに没頭できると思い、さっそく尊敬する藤井恒男に相談する。

藤井が朝日新聞の重役からテレビ朝日映像（テレビ朝日の子会社）に赴任してきたことは、前述のとおり。藤井は「わかった」という一言のあと、「朝日新聞はどうなの？　お前の先輩小林正幸もいるし」と続けた。私は一瞬答えに窮したが、数秒後、「私は活字の世界より映像の世界の方がいいです」と答えた。それで決まり、当時のＮＥＴテレビ（日本教育テレビ、現テレビ朝日）を受験することになる。ただ、小林忠郎は怒り、社に赴いても口をきいてくれなかったが、何人かの仲裁でようやく許しが出た。小林は、早大ラグビー内では、プレー以外は絶対的な存在で、すべてを把握していた。のちにある先輩から、「先に藤井に話をしたからだ」とか「小林と藤井は元々ウマが合わない」といわれ、深く反省をすることになる。今から五十年前のことである。

受験は筆記試験から始まり、数回の面接を経てすべてが終了し、たしか七月末に内定をいただいた。思い出すのは、社長以下役員がズラリ並ぶ最終面接だ。受験組は、五人が役員の前に座り質疑応答だ。私以外の四人はかなり難しい質問をされていた。「報道の使命とは何ぞや」……である。最後に私の番になると、私への質問は「今年は勝てるのかね」「君は一〇〇メートルをどのくらいで走るのかね」などで終わり、拍子抜けというか、これでいいのかな～と思った。他の受験生を見やると「えっ」というような顔をしていたので、私は思わず顔を伏せた。ちなみに、最終面接には、一〇〇人ほどが残り、そのうち四十四人が内定した。

就職先も決まり、これからは学生日本一奪回に向けてや
るのみである。私の顔つきは、この頃からますます恐くなったそうだ。元々、強面で口数の少ないのは、自他ともに認めるところだ。一年生などは、「話ができる雰囲気はまったくなかった」と、後々、豊山や橋本などから、笑いを交えていじられる今日この頃だ。

学生最後の菅平合宿

いよいよ覇権奪回に向けて、最後の菅平合宿である。メンバーもSHに一年生の辰野を抜擢、SOには台を固定し、宿沢と中村のあとを埋めるべく徹底的に鍛えた。ロックには川内を起用し、ナンバーエイトには大変身を遂げた山下を起用する判断をした。二週間にわたる合宿では例

親友佐々木敏治と

年どおり徹底的に走り、タックルをし、そしてスクラムでは明治を想定して取り組んだ。全体のコンビネーションにも時間を割き、秋本番に向けて、徐々に手応えのあるチームへ成長していった。

ただ私は古傷の膝の靱帯を損傷し、途中で数日間練習を休むことになる。しかし代役はいる。佐藤であり、一年生の豊山もいる。私の代わりはなんの心配もしていなかった。

二週間で心身共に鍛え上げられ、自信を持って菅平を下山し、秋本番へと向かう。

少し話は変わるが、ここで親友の佐々木にふれたい。彼が高校時代の関東大会での私を覚えてくれていたことは前述した。以来、無二の親友となった。佐々木は祖父が宮城から裸一貫で上京し、田端で建築会社「佐々木組」を興す。以降、都内を中心に商いをし、二代目（佐々木の父）時代には大きく成長していく。ちなみに私の自宅は、わざわざ市川まで足を運んでくれた佐々木組に建ててもらった。いまだに土台はびくともしない。

佐々木は三代目だ。一年生の頃は、休日でも遊びに行くところもなくて暇を持て余していると、必ず誘ってくれ、そして自宅に招いてもらい大変お世話になった。両親は、素晴らしい人徳者で、私は本当に可愛がってもらった。両親はすでに他界しているが、生前四十年以上にわたって世話になったことを、今でも折にふれ思い出す。

しかし、「佐々木組」は、残念なことにバブル崩壊をモロに被り、立ち行かなくなり、会社を閉めることになる。当時、彼の心中は察するに余りあるが、苦労の日々だったろう。全力を尽くし、従業員ののちの生活も含め、きれいに整理したと聞いた。決して弱音を吐かず、明るく前を向く姿勢には、いつも感服するばかりだ。現在は、多くの孫たちに囲まれ、幸せに飲む日々だろう。

そういう現実で生きてきた佐々木は、気っ風がよく、誰からも好かれる人間だった。酒も半端なく強く、これまで二人で飲んだ酒はどれくらいだろうと想像すると、ゾッとする。

真面目な話になるが、私たちが四年生になった時、彼から話があった。「俺がお前を全面的に支えるから、心配しないで思いっきりやってくれ！」と。思わず涙した覚えがある。佐々木は、前述のようにライバルである堀口、金指と同等の力量を持つが、レギュラー枠は二つだ。運命とはこういうことなのか。

彼の言葉の真意は、「お前は、試合をどう戦うのかに集中しろ！　Bチーム以下は俺がまとめるから心配するな！」ということだった。佐々木は、自他ともに認める、後輩からの〝信〟が厚い。鬼気迫る私とは違い、優しい気持ちを兼ね備えて後輩に接し、Bチーム以下をまとめていった。

紅白戦（AとBの試合）では、佐々木率いるBチームが、目の色を変えて戦いを挑んでくる。「下手なプレーをしたら、俺たちがすぐとって代わるぞ」と、激しい闘志をぶつけてくる。Aチームにとって、他大学以上に、Bチームとの試合が恐かった、と当時のメンバーは語っている。こうして、全部員が切磋琢磨し、結束し、強固な集団になっていく。私は、今でもこの時代の陰の主将は、類い稀なる手腕を発揮した佐々木だと思っており、今日まで大親友であり、リスペクトする人間だ。

対抗戦全勝優勝

そして、いよいよ大学四年間のすべてをかけた秋本番が始まる。

序盤は、東大に苦戦するなど、チームのまとまりが欠けていた。この年に、日本代表の英仏遠征があり、早大からは植山、藤原が選出された。この影響もあり、チグハグな試合が続き、私もかなりイライラ感が募っていた。一方で、奥田などは「要は一点差でも勝てばいいんだよ」と泰然としている。「最後に笑えばいいのさ」といわれると、怒るわけにもいかず、さらにイライラ感が増してくる。

前半、四試合を終えたところで、植山、藤原が帰国する。成田空港に迎えにいき、怪我もなく大きく成長した勇姿を見て、心強く思った。

さっそく日体大戦から復帰し、ようやくチーム本来の姿をとり戻す。次戦は慶応である。慶応は中崎修主将を中心に強力FW、またSHには上田昭夫（故人・元日本代表）、俊足ウイング鈴木基史などを配し、目の色を変えて挑んでくる。この早慶戦に対する慶応の闘志は、尋常ならざるものがある。対戦記録では早大が圧倒しているが、記録ほど差があるわけではない。多くの試合が接戦であり、いわゆる理屈抜きの試合になることが多い。気合いと気合いの対決だ。

今回の試合でもその流れになった。残り十分ほどで鈴木にトライを許し、19対16の大接戦となる。しかしここで、勝敗を決する植山のキックが炸裂する。約五〇ヤード地点から狙ったペナルティゴール（PG）が決まり、続けて左サイドの難しい角度からもPGを決める。この勝負を決定づけたキックは、英仏遠征で習得したもので、当時日本では初めてのインサイドキックであり、大観衆の度肝を抜いた。現在は一〇〇パーセントこのインサイドキックだ。結果、25対16で勝利する。

慶応中崎は、この試合の話になると「植山一人にやられた」と悔しがる。中崎と植山は、卒業後横河電機に入社し、チームメイトとなる。中崎はのちに慶応のOB会（黒黄会）の会長となり、偶然にも私と会長期がいっしょだった。彼は、水戸一高出身で、宇高の私と同じ北関東だ。同時期に主将になり、同時期にOB会長になる、不思議な縁だ。

いよいよ全勝同士で迎える早明戦が始まる。対抗戦で優勝して、そして大学選手権でも優勝して真の大学日本一になることがわれわれの大目標である。昨今、大学選手権優勝が脚光を浴びる時代だが、当時対抗戦の位置づけはラグビー本来の成り立ちから、相当に評価が高かった。

この戦いの場は、秩父宮ラグビー場の改修もあり、またラグビー熱が高まったこともあり、初めて国立競技場での開催だった。国立には、三万を超える大観衆が詰めかけた。日本ラグビー界での新記録だ。

明治は境主将を中心に重量FWを擁し、バックスには松尾、そして森重隆が加わり盤石だ。FWの体重差は、一人約一〇キロ違い、八人では八〇キロの差だった。森は前年まで控え選手だったが、高校時代から俊足を生かした才能豊かなプレーヤーでセンターに君臨する。早大に入っていれば、おそらく一年生からレギュラーだっただろう。彼は卒業後、新日鉄釜石に入社し、松尾と共に日本選手権七連覇の偉業を達成し、「鉄壁の黄金集団」を作り上げたことは皆さんも記憶にあるだろう。のちに日本ラグビー協会長に就任し、「ヒゲの森」でお馴染の方も多いだろう。彼は福岡在住だが、今でもたまに飲むことがある。

一方、早大も対抗戦連勝記録を伸ばすべく、戦力は充実している。一つだけ心配なのは、一人約一〇キロも軽量の早大FWがスクラムでどう戦うのか。戦前の予想でも焦点の一つに挙げられていた。だが私は心配していなかった。スクラムでは「押せなくても押されないだろう」、また現在のラグビーはモール全盛だが、当時はラック全盛である。低くプレーする早大FWにとっては、体重差は問題ではないと感じていた。

予想どおり、早大FWが頑張り続け、体重差のハンディを感じさせない動きを見せる。むしろ時には、スクラム、ラックで相手を上回る。しかし、前半は藤原がトライを獲ったものの、明治に三つのPGを決められ、7対9で折り返す。

後半に入るが、意地と意地のぶつかり合いで、なかなか均衡が破れなかった。後半は双方トライが獲れず、PGの勝負になっていく。全勝同士の優勝決定戦ということで、両校の激しいタックルの応酬で、大観衆を魅了したようだ。とくに早大は、残り十分間、自軍ゴール前に釘付けとなり、そのつど強烈なタックルで跳ね返していく。普段あまりタックルをしない奥田も、鬼の形相で向かっていく。私もこの十分間、何度メンバーを鼓舞したことだろう。場内は悲鳴が飛び交い、騒然とした雰囲気だったようだ。

このゴール前の鉄壁のディフェンスは、後々語り継がれ、そして後輩たちにも受け継がれ、一時、早大ラグビーの代名詞になっていく。

結局、後半は両校共にトライが獲れず、少ないチャンス、二本のPGを決めた早大が13対9と競り勝った。明治は後半零点であった。

こうして死闘を制し、対抗戦全勝優勝を果たし、連勝記録を伸ばしてゆく。ちなみに対抗戦の連勝は、一九七七(昭和五十二)年に慶応に敗れるまで続くが、六十連勝まで記録を伸ばした。

当初、山あり谷ありのチームだったが、試合を重ねるごとにチーム力が向上し、いよいよ雪辱を果たす日が迫ってくる。大学選手権だ。

明治に雪辱を果たす

大学選手権は、その年度からようやく日程が緩和され、年内に一回戦が組まれ、一月四日、六日が、準決勝、決勝となった。

準決勝は、初めて四強に進出した専修大だ。ＳＯ坂本を中心とした高い攻撃力で、決して侮れるような相手ではなかった。終盤に気の緩みからか三トライを許したものの、32対18で退け、決勝へと進む。

もう一つの戦い、明治対慶応の戦いがあったが、明治が持ち前のＦＷで圧倒し、33対6で快勝する。

六日の決勝勝は、前年に続いての早明対決となる。まさに雪辱を果たすには、前年の覇者が出てこなければならない。

前日、日比野監督から塩で清められたジャージを受け取り、翌朝、東伏見稲荷に参詣し、決戦場・国立競技場へと向かう。観客は、対抗戦の三万人を優に超え、新記録となる四万人以上とな

明治との大学選手権決勝戦（国立競技場、レフェリーの左）

る。ちなみに翌年は六万人の大観衆が詰めかけ、早明戦は暮れの一つの風物詩となっていく。

試合は前半こそ対抗戦同様拮抗したものになったが、早大は金指のトライ、PGを決め、明治を二本のPGに抑えて7対6。すべてが後半勝負だ。早大は、この試合でもFWが大健闘する。低いスクラムで鋭く押し、ラック、モールでも早い集散で、明治の重量FWに対抗する。

後半、堀口が負傷退場し、一時十四人になったが、気力のタックルで点数を与えない。その後は、完全に早大ペースとなり、後半だけで四トライを奪い、明治を零封し、29対6と完勝する。

完勝といっても、多くの選手が傷だらけで、表彰式で見せた血に染まった顔はまさに死闘を物語るものであった。

1974年度、大学選手権優勝カップを授かる

戦前、明治北島監督は、「ＦＷが五分五分ではどうしようもない」といっていたそうだ。まさにそのとおりになった。

日比野監督は「素晴らしい試合。想像を超える出来でした。（前評判は明治有利が多く）それだけに、ここ一番ではと選手を信じていたが、これほどやってくれるとは。今日の試合は、タックルだけを強調したが、信じられないくらい最高のゲームをやってくれた」と語り、満面の笑みを浮かべた。

私は、インタビューで何を答えたかまったく覚えがないが、おそらくＦＷの頑張りを強調したのだろう。試合はＮＨＫで放送されたので、私が表彰式の折りにアップされた一枚の写真があり、後生大事に取ってある。

主将として歌った「荒ぶる」

この早明戦について、後年明治の森、松尾と話したことがある。試合前、国立に向かう千駄ヶ谷の駅で、両校の選手が一部鉢合わせしたそうだ。その時、明治の選手は笑顔だったが、早大の選手は厳しい面持ちで挨拶も返してくれなかった、とのこと。私は記憶にないが、松尾は「あれでは勝てないよね」と、当時を思い出していた。松尾は明るくひょうきんな人柄で、面白い男だったが、これが本当の話かどうかはわからない。

こうして雪辱を果たし、宿沢はじめ前四年生との約束を実現する。表彰式後、グラウンドの端で「荒ぶる」の大合唱である。まさに、全部員が一つになり、歓喜の輪はなかなか解けない。私はこれまで何度か「荒ぶる」を歌ってきたが、四年生で、しかも主将として歌う「荒ぶる」は格別なものであった。

スタンドでも、OB、ファンが一体となり、しばらく余韻が消えなかった。

余韻はその後、祝勝会に移り、六本木の中華、「廬山《ろざん》」に多くのOB、学校関係者らが集まってくれた。廬山の経営者は李先輩であり、現在は閉店したが、早大ラグビーの懇親会は必ずここで催されていた。

祝勝会では、皆笑顔が絶えず、とくに前年の松元監督、宿沢をはじめ前四年生と、優勝カップに注いだビールをいっしょに飲み、抱き合ったことは終生忘れることはないだろう。

また私は、一人密かに「責任は果たした」と思い、今日はとことん飲むぞと気合いを入れた。懇親会後、同期連中を中心に、次から次へと流れていった。

ここで事件が発生する。これまでは知る人ぞ知る逸話だったが、ここで初めて正直に告白する。懇親会後、ＯＢたちが二次会で「忠太寿司」に集まっていると聞きつけ、佐々木、金指ら数人で向かった。新宿に着いて店も間近での出来事だった。突然、数人のチンピラに絡まれて小競り合いになった。相手は、ブレザーを着て酔っている学生を見て腹が立ったのだろうか知る由もないが、突如私はうしろから頭を何かで殴られた。頭に手をやると、血がベットリとついていた。これはただごとではないと感じた時にはすでに遅し、コーラの瓶で殴られたのだ。その直後、チンピラは一目散に逃走し、私たちは追走したが、あっという間に見えなくなった。

私の出血を見たのか、通行人が警察に連絡したのだろう。まもなくパトカーが二台到着する。歌舞伎町のど真ん中、風林会館の前だ。その場で警官の事情聴取を受け、まもなく私たちは被害者であると認められ、その場で注意を受け解放された。

事情がどうあれ、早大ラグビー部の主将が傷害事件に巻き込まれるのは、言語道断だ。世が世ならと思うと、今でもゾッとする。一歩間違えば、早大ラグビーの歴史に汚点を残すような出来事だ。ただただ恥じ入るばかりだ。

コーラ瓶で殴られたので出血が酷く、救急車を呼ぼうとなったが店は目の前だ。先輩を待たせてはと思い、顔を出したところ、皆酔いが醒めたように驚き、すぐ病院に行くよう説得された。私も納得し、急遽タクシーに乗って東伏見寮に戻った。時間は零時を過ぎていたが、たまたま寮にいた一年生の吉田荘司に、東伏見医院と連絡をとってもらい、無理をいって、院長先生に治療を施していただいた。佐々木が同伴してくれ、治療を見ていたようで、頭には瓶のカケラが残っており、かなり深い傷だったようだ。何針縫ったか覚えがないが、応急処置のおかげで大事には至らなかった。院長には感謝するしかない。後日お礼にうかがった。

その夜は、頭がズキズキと痛み一睡もできなかった。しかし、午前の新幹線で、日比野監督、植山の三人で、大阪行きの予定が入っていた。八日に花園ラグビー場で行われる社会人の決勝戦の視察観戦だ。十五日の日本選手権で戦う相手がどのチームになるのか、分析しなければならない。新幹線の中では監督や植山に悟られないよう、包帯をはずして何喰わぬ顔で接していたが、痛みが消えることはなかった。

その日は大阪のＯＢに祝勝会を催していただき、「美々卯」でご馳走になったが、味もよく覚えていない。関西ＯＢの重鎮である川越藤一郎、新井大済大先輩をはじめ、多くのＯＢに迷惑をおかけしたこと、改めて申し訳なく思う。

これが、事件のあらましだが、日比野監督には最後までいうことができなかった。ただ、情報が入っていたのだろうか？　監督は黙認していたのだと思う。

大学最終戦

一週間後、まだ抜糸はできていなかったが痛みは消え、気分を一新して、年度最後の戦い、日本選手権に臨む。四度目の優勝への挑戦だ。

相手は八日の決勝戦を制したリコーだった。当時のリコーは、日本代表や候補十二人を含む強豪だ。ユニフォームは、上下黒で統一し、あのオールブラックスを彷彿させる「和製オールブラックス」と称されていた。早大のＯＢも、後川光夫主将はじめ、山本巖、藤田康和が名を連ね、強力ＦＷ、強力バックスを擁していた。学生には付け入る隙がないように思われ、下馬評でもリコー圧倒的優位だった。決戦の場は花園ラグビー場である。

4年時、日本選手権の対リコー戦試合前（レフェリーの左）

私は抜糸ができなかったので、タオルを頭に載せ、初めてヘッドキャップを被って試合に臨んだが、コンディション的にはなんの支障もなかった。試合直前、リコー後川主将とトスがあり、先輩に挨拶を交わし、キックオフの笛が鳴る。

試合は、前評判を覆し、早大が大健闘する。前半は、スクラムで互角に渡り合ったが、何度もゴール前に攻め込まれる。そのたびに、FW、BK問わず、二人、三人と強烈なタックルを見舞い、ゴールを割らせなかった。あの早明戦の残り十分間の戦いができていた。

一方、早大にも何度かチャンスが訪れる。しかし、PGが不成功に終わり、前半は0対0でハーフタイムに入る。スタンドは、早大の大健闘を讃え、多くの観客が早大応援に回ったようだ。ハーフタイムで、日比野監督の指示を受け、私も檄を飛ばす。当然メンバーも闘志が最高潮に達し、後半に入っていく。

功を奏したか、早大は後半早々ＰＧを決めて先制点を挙げる。だが前半の攻防戦の影響か、早大は少しずつ体力が削がれていく。それでも闘志は衰えず、リコーをＰＧ一本に抑え、凌いだ。残り時間十分ほどのところまで３対３の同点。観衆も最高潮に達していたようで、早大コールも鳴りやまなかった。

私も勝機ありと感じていたし、日比野監督もベンチから檄を飛ばす。

しかし、この時間帯でまさかの反則を犯す。スクラムで、一瞬頭を抜いたプロップの佐野に無情の笛がなる。当時、スクラムにおいて、一発でペナルティを取られるのはお目にかかったことはなかったが、やむを得ない。このＰＧを山本に決められ３対６となる。

この逆転で、それまで限界を超えた戦いを見せていたフィフティーンの気力が萎えたのだろうか？　残り十分間で、ノーホイッスルトライを含め三連続トライを許し、結果、３対25で敗れる。

この戦いでは、早大の健闘を讃える声が多く寄せられたが、如何せんリコーの強さは半端ではなかった。

私は潔く敗戦を認め、四年間最後の戦いの場で、最高のパフォーマンスを見せられたことで悔いはまったくなく、清々しい気分であった。リコー後川主将、山本、藤田各早大先輩からも労いの言葉があり、私は深々と頭を下げた。

大阪で試合後、懇親会が催された。多くの在阪ＯＢが駆けつけ、労ってくれた。私はじめ選手はほぼ満足な表情を浮かべ、ＯＢ共々大いに酒を酌み交わした。ただ、日比野監督が、挨拶で突然泣き出した。真意は測りかねるが、勝負師としての意地なのだろうか？　この姿を見て、私たちも自然に涙を流すのである。

早大ラグビーの伝統

こうして、私の早大ラグビー人生は終わりを迎えるが、四年間で大学選手権優勝三回、準優勝一回、日本選手権優勝二回と、一点の曇りもない。何よりそれに向かって、日々精進を重ねた努力の賜であると自負している。「努力に優る天才なし」とはよくいったものだ。

当時、早大の練習では、監督やコーチは基本的に週末にグラウンドに来る（いわゆるサラリーマンコーチ）ので、平日の練習は学生主体だった。主将、主務、各委員が中心となり、部員を引

予餞会で同期と（後列中央が私、左端は日比野監督、右端は新庄部長）

っ張っていく。まさに自主性が重んじられる時代である。

平日の練習は、監督と密に連絡を取り合い、週末の練習時間の前にじっくり話し合う。常にコミュニケーションを図り、チームの進捗状況を説明しているので、平日の学生主体の練習でも支障を来すことはなかった。

私の時代は、創部五十年ほどだが、早大ラグビーの伝統はすでに確立されていた。偉大なる先輩たちの創意工夫により、家に例えるなら、びくともしない強固な土台が築かれていた。そして、その土台に、時代時代に即した上物を建ててきた。上物は限界があるので、状況を鑑み建て替えるか否か判断していくが、土台は変えることはない。なにしろ強固な土台だからだ。これが、まさに早大ラグビーの伝統である。この伝統があるから、学生主体の練習でも問題なく進んできたのだろう。逆に、こういうことによって集中力、協調性、連帯感そして責任感などが養われていくのだろう。

とくにラグビーでの主将の役割（キャプテンシー）は、大変重要だ。私は一年間、なんとか任務を全うした。

一方、もの足りない部分は多々あったと思うが、「責任感」を少しでも身につけられたことは、後々の社会人人生に、大きな影響を及ぼしてくれた。

早大は翌年も石塚主将の下、大学選手権を制し、その二年後には豊山主将時代も優勝する。もし、宿沢、末石主将時代に優勝していれば、大東時代から始まり七連覇であったが、「勝負にタラレバ」はない。そう思うと、その後九連覇を達成した岩出監督率いた帝京大には、改めて称賛を送り、感服せざるを得ない。

私は、この昭和四十年代の黄金期を、早大でプレーできたこと、衷心より嬉しく、そして誇りに思う。

また、最後になったが、忘れてならないのは、日々部員の身体のケアをしてくれた医者だ。すでに故人だが、鉄道病院の佐藤、美濃部両先生、横浜市立港湾病院の高澤先生には、心から謝意を申し上げたい。

さて、私のラグビー人生、最後の試合が三月に行われた。日本学生代表の主将として、福岡平和台競技場で全九州との試合があり、その試合を最後にラグビー選手としてピリオドを打つことになった。

余談だが、この試合は、当時ＮＥＴ（現テレビ朝日）が中継した。試合後の勝利インタビューを受けた際、女性アナウンサーから試合感想のあと、卒業後の進路先を質問された。一瞬答えに窮したが、思わず「あなたのところです」と答えた。女子アナは、一瞬ポカンとした顔を見せたが、「えッ！」と驚き、顔を赤らめていたことを思い出す。その女子アナは、当然私より年上だが、入社後、何度かご馳走になった。

第2章の冒頭にも述べたが、現代のラグビーと私たち時代のラグビーはフィジカル面、ルール面、戦術面などなど、一見違うスポーツのような錯覚に陥るが、ラグビーの本質（原点）は永遠に変わることがないと思い記述したことをご理解いただきたい。

ここで、第2章の最後に、人間としての礎を成してくれた、早大ラグビーを思い、部歌「北風」、そして勝利の歌「荒ぶる」を記し、私なりの想いとしたい。

「北　風」

北風のただなかに　白雪ふんで
球蹴れば　ふるい立つ
　ラグビー　ワセダ
抜山の威力　蓋世の意気
男児の勢　数あれど
ワセダラグビー　ララララ
ワセダ　ラグビー　ラー

「荒ぶる」

荒ぶる　吹雪の　逆巻く中に
球蹴る我等は　銀塊くだく
早稲田のラグビーは　斯界になびき
いざゆけ　我等が　ラグビーワセダ
ラ　ラ　ワセダ　ラ　ラ　ワセダ

ララララ　ワセダ

次章からは、人生の本番である社会人時代を記していきたい。

第3章
テレビ朝日時代
22歳〜60歳

日本教育テレビに入社

一九七四（昭和四十九）年、四月一日、日本教育テレビ（ＮＥＴ）に入社する。ＮＥＴは、Nippon Educational Television の略称である。

ＮＥＴは、日本テレビ（ＮＴＶ）、東京放送（ＴＢＳ）に次いで、東京キー局の教育専門局として、一九五九年に本放送が開始された。ちなみにフジテレビジョン（ＣＸ）も同年開始であり、月単位で少し早かったが、同じ三番目のキー局だ。教育専門局とは、全番組のうち二〇パーセントを教育・教養番組で編成するようにということだったが、内容の線引きが難しかったようだ。ただ、一九七三年には、一般総合番組局に認可される。私は、翌年入社なので、一部教養番組が残っていたが、まったく違和感はなかった。

入社式を終え、約一ヵ月にわたる研修が行われた。入社前に、放送局のしくみは少し勉強したが、わからないことばかりだった。社には早大ラグビーの先輩が坂内雅弘（故人）、平岡敏史（故人）、粟野英一の三人いたが、ほとんど会える機会はなかった。

研修では日々厳しく教えを受け、少しずつではあるが慣れていった。四十四人の同期がいたが、女性は二人で、両名とも女子アナウンサーだ。三泊の研修合宿では、スケジュールがハードで、女子アナといっしょに取る食事が唯一の楽しみだった。

研修の後半では、各番組に振りわけられ、現場での実体験である。私は、「13時ショー」というワイドショーに組み入れられた。当時のＮＥＴは、朝帯に「モーニングショー（現羽鳥慎一モーニングショー）」、昼帯には「アフタヌーンショー（現ワイド！スクランブル）」と「13時ショー」で月曜日から金曜日のベルト番組を編成し、高視聴率をマークしていた。

私は、プロデューサーから、研修期間中二つだけ仕事（？）を命じられた。一つは、相撲の魁傑関（故人。元放駒親方、日本相撲協会理事長）がゲスト出演するので、迎えにいってこいと命じられた。人生初めて、黒塗りのハイヤーに乗り、当時の花籠部屋に向かうが、少し舞い上がったようだ。無事お連れし、局の食堂で早い昼飯を食べたことを思い出す。当然、こちらが支払うところだが、魁傑関はぶ厚いサイフを出し、「これでお願いします」という。社食なのでいくらもしないが、断れずご馳走になったが、プロデューサーにえらく怒られた。私はその後、魁傑関のファンになった。

もう一つは、中学一年生でユニチカのマスコットガールに選ばれた手塚さとみ（理美）が出演するので、これまた母親と共に、昼飯のお相手をするようにと命じられる。変な意味で緊張したが、和気あいあい相手を務め、無事にスタジオに案内した。研修では、他には記憶がないが、この二つのことは鮮明に覚えている。

こうして一ヵ月があっという間に過ぎ、いよいよ配属先が決定される。

ここで二人の人物を紹介したい。先のテレビ朝日受験に際し、大変お世話になり、以後何十年にわたり、公私共に面倒をいただいた二人だ。

一人は永里高平（故人）。テレビ朝日運動部（現スポーツ局）一筋の実力者である。社内外問わず、その道では超有名人だ。早大ではレスリング部に所属し、当時無敵のチャンピオンといわれたそうだ。その強さは、のちにエピソードで語られることになるが、一九五二年のヘルシンキオリンピック出場に向けて、国内予選があった。永里のオリンピック出場は確実視され、一部の新聞記者は会場に現れず、翌日の朝刊に「永里、オリンピック出場」と報じたのだ。ところが、永里は当日体調不良のため決勝戦で負けた。この話は、直接本人から聞いたので、間違いないことなのだろう。それほど強かったそうだ。

永里は、豪傑というか豪快というか、その種の言葉に困らない人物である。また本物の酒豪で、そのあたりの逸話にも事欠くことはない。喧嘩も滅法強く、学生時代から新宿や渋谷あたりで鳴らしたそうで、その筋の親分からも一目置かれていたという。背丈はないが、無駄な筋肉はなく、ヘラクレスのような体で、眼光鋭い風貌だが、笑うと少し微笑ましい感じがした。東芝に入社後、NETに転じたが、局の運動部は天職だったのだろう。アマチュア・プロを問わず、スポーツ全般に造詣が深く、のちにテレビ朝日の歴史に残る多くのイベントに中心人物として関わっていく。

私が入社した一九七四年には、テレビ朝日はプロボクシング世界ヘビー級選手権を放送する。場所はアフリカ・ザイール（現コンゴ民主共和国）の首都・キンシャサ。王者ジョージ・フォアマンと、挑戦者モハメド・アリの対戦で、アリが劇的な逆転KOで勝利した。この試合は、大反響を呼び、テレビ朝日の名を高めた。これを機に、世界ヘビー級戦はテレビ朝日が放映権を持ち、高視聴率を獲り、営業的にも大きな収益を上げることになる。二年後には、異種格闘技といわれた「アントニオ猪木対モハメド・アリ」の一戦を放送する。「世紀の一戦」とも謳われたこの試合は、日本武道館に大観衆を集めたが、一方で「世紀の茶番」とも酷評された。私は、この試合、営業の関係で、リングサイドで見守っていた。このように、永里はテレビ朝日のスポーツにおいて、多くの物件に関わっていた。

もう一人は杉山健史だ。杉山は経理一筋で、経理の要である資金部長を長らく務める。まさに会社の大番頭的な立場だ。詳細は省略するが、社にとっての重大事には必ず経理的な問題が関わってくるので、つまびらかに記すことはご容赦願いたい。

杉山は早大野球部の出身。ポジションは捕手で頭脳派だ。早大野球部同期には広岡達朗がおり、頭脳派同士で九十歳を過ぎた今でも、野球論議をしているそうだ。

杉山は公私共に親身になって、私の面倒をよく見てくれた。よく本郷の自宅に招かれ、敬子夫人の手料理に舌鼓を打ち、仕事の話を聞いた。

私は入社した当時は、西武新宿線井荻駅のアパートに一年間住んだが、大変なボロアパートで、六本木までの通勤時間もかかり、よく杉山宅にお世話になった。井荻を選んだのは東伏見に近いからだったが、このアパートは今思い出すだけでもゾッとする。四畳半のみで、洗面所などは共同。家賃は月額九千円だったが、初任給が七万二千円の時代だ。当時、銀行の初任給が六万円台だったことを思えば高給だったのだろうが、大企業のような社員寮はなく、テレビ局の福利厚生面は後れていた。企業の形態が二十四時間休みなしという特殊性にあったので致し方ないが。

杉山夫人は、私の下着、パジャマ、ワイシャツなど、泊まりに必要な一式を取り揃えてくれて、朝食もしっかりご馳走になり、会社へ向かったことを思い出す。

杉山夫妻は、ずっと「東京の親」であり、今でも頭が上がらない。杉山は、前述したようにテレビ朝日が抱えてきた大きな問題には、経理の重鎮として大きな役割を果たしてきたことだろう。後述する機会があれば少しふれたいと思う。

杉山は、テレビ朝日後には文化放送に請われ、専務取締役として大きな貢献を果たす。彼の持つ人脈は驚くほどだ。金融界は無論のこと、芸能界、スポーツ界などなど、多くの知己がおり、私も恩恵にあずかった。

永里、杉山両ご夫妻は、私の最後の試合だった日本選手権「早大対リコー」戦に、わざわざ花園ラグビー場まで駆けつけてくれ、私の両親にも挨拶してくれたようだ。

営業局ネット営業部第三課

さて、いよいよ配属先が決まった。営業局勤務を命ぜられる。

テレビ朝日は六本木にあり、数年後、ニッカウヰスキー所有の土地を買収して約一万坪の広大な土地を所有することになるが、当時は高層ビルではなく建て増しした集合体で、初めての人は迷子になるような感じだった。

営業局は、メイン建物の一階の中央にある受付を右側に折れたところに位置していた。約百人収容できる部屋だ。私の配属先希望は、先述の永里を慕って、またこれまでの経歴を踏まえて運動部を志望したが、願いはかなわなかった。

配属先は「営業局ネット営業部第三課」。営業局には、担当役員（常務以上）、営業局長の下に、予算・社内折衝役を担う業務部（コントロールタワー）、CM部、管理部があり、そして実際に金を稼いでくる外勤部隊があった。外勤部隊は、ネット営業部、ローカル（タイム）営業部、スポット営業部の三部構成だった（現在は名称変更）。ネット営業部は、全国にネットしている番組のセールスであり、プライム帯（十九〜二十三時）、朝昼夕方帯のベルト番組のセールスを担う。ローカル営業部は首都圏のみで放送している番組のセールス、スポット営業部は番組と番組の間にあるSB（ステーションブレイク）のセールスを担うセクションである。

なんとなくおわかりだと思うが、売上が多いのはプライム帯の全国ネット番組のセールスをしているネット営業部だ。営業売上の半分以上を占めるわけで、当然ネット営業の肩にのしかかってくる。

よく「テレビ局の営業はどういうことをするの？」と聞かれるが、簡単にいえば、スポンサーがテレビでCMを流す代償としてお金をいただく。また、スポンサーとテレビ局の間に広告代理店が存在し、局から手数料を支払う。この三位一体で商売をしていく。

新入社員時代、営業局旅行会での催し物

他局も同様だ。当時は、番組力などにおいてTBSが全盛を誇り凌駕していたが、他局も少しでもスポンサーや広告代理店の信用を得るべく、ありとあらゆる手法でセールスに努めていた。

この年、営業局には新入社員の十人が配属されたが、ネット営業部には田久保敏（故人）と私の二人のみだった。当時の部は、部長、デスク以下二十人の部隊で、各課六人ずつだったと思う。第三課は石井敏夫課長、服部光雄、矢部征男、宮澤悦郎、前原晃昭、私の六人だった。

当時は、「花のネット営業部」と社内からはいわれていたようだが、何が花なのか私には理解できなかった。

一九七三（昭和四十八）年に発生した第一次オイルショックの直後ということもあり、入社早々、いきなり厳しい環境下におかれたのである。

ただ新人は、すぐにスポンサーを担当することはなく、「キーパー制度」の下で、二年間ほどは下積み生活だ。課の売上管理、スポンサーの名簿管理などをこなし、先輩のセールスに同行し一挙手一投足に気を配る。いわゆるカバン持ちだが、セールスの何たるかを少しずつ身につけていった。

会議に次ぐ会議

しかし、一番疲弊したのは、会議の多さ、長さである。不況でスポンサーの広告・宣伝費が削減され、後発局であるがゆえにスポンサーの獲得に苦心する。必然的に会議が多くなり負のスパイラルだ。

テレビ局では報道・制作・スポーツ局などは、不規則な生活はやむを得ないが、一般職は十～十八時が原則だ。だが、まず毎朝九時から会議が始まる。その席で、部長から各担当者に「今日一日の行動を具体的にいえ」と責めたてられる。私は、まだ担当スポンサーを持たないので、電話番を兼ね、一番端に座って会議のなりゆきを見詰めるばかり。

これが約一時間続き、終わり次第スポンサー、代理店の元へ飛び出していく。そして夕方に戻ると十八時から、これまた会議に入る。部長は大部健三というすこぶる強面の人であった。私は、心の中で「お前がやってみろ」と思ったことが何度かある。会議では、また担当者ごとに「朝会議でいったこと、結果がどうなったか」と、今度は時間制限なく責めたてられ、これが延々と続くのだ。私は朝同様、電話隣に座り、ただただ戦況を見続ける。

二十時頃になると、突然私に「飯をとれ！」と指示がある。「何がよろしいでしょうか」と問い返すと、たいてい「なんでもいい！」と返ってくる。たまに「宮川の鰻」といわれたことがある。最初は苦労したが、メニューは管理部の松井紀預子女史（故人、私の姉御分）から、情報を得て、そのうち用意万端で会議に臨むようになる。

会議は、早くて二十一時、遅くなると二十三時頃まで延々と続いていく。皆終了するとグッタリだが、ここからが「花のネット営業部」の面々の凄さである。それから飲みに繰り出す。当然、私も必ず連れていかれるが、水割り作りが主な仕事だ。

この飲み会には、テレビ朝日担当の広告代理店の人間もたびたび参加する。会議の状況を知ることも彼らの仕事である。これが、夜中まで続き、アパートに帰るといつも午前様。そして翌日は、また朝会議が九時から始まる。これが毎日続くので、朝起きると目は真っ赤。先輩も代理店の人も同じで、誰が名付けたのかわからないが、私たちは「赤目党」と呼ばれていたそうだ。

私は、入社早々、いきなりこのような環境に置かれ、驚きの連続だったが、十一月頃、突然体調に異常が生じた。発疹が体中にでき、なかなか治らなかった。一時、ヤバイ病気かと思い、昔お世話になった鉄道病院の佐藤先生、美濃部先生に診ていただいたが、そちらの病気ではなく、肝臓が少し疲れて蕁麻疹が出たのだろうとの診断だった。前原が心配して同行してくれたが、帰社後、先輩の矢部に相談した。矢部の兄は池袋で「矢部病院」を経営する慶応医学部出身の名医だった。

さっそく診断を受けたところ、急性肝炎といわれる。急激な環境の変化に体が追いついていけず、このような反応が出たという診断だった。稀にあるそうだ。急に運動をやめるなど、思いあたることばかりだった。

約一ヵ月の入院加療が必要といわれ、石井課長に報告、即刻入院した。その後、今日まで肝臓はまったく問題はない。

入院時、石井からいわれた言葉は忘れたことはない。「神山、先は長いぞ！　ゆっくり治せ」と。この一言で救われた。石井は今も健在で私の信頼する、大好きな人である。

年内には復帰し、仕事に戻る。その後は症状もなく、少しずつ仕事に慣れていく。ネット営業部には、前述した三課のメンバーの他に、一、二課にも多士済々素晴らしい面々が揃っていた。永沢征治、村上昇、河合久光、神村謙二らだ。

また、ネット営業部の面々は、常に身なりを整え、なにしろ格好よくお洒落である。私は背広が一着しかなく、大変な思いをしたが、ボーナスで新調して二着になった。

のちに、服部が石井に替わって課長に昇進した折り、前原と自宅に呼ばれ、服部の古着のスーツ、ワイシャツ、ネクタイを大量にいただいた。服部と私の体型は、ほぼピッタリであり、夢見心地の心境だった。古いといっても、私には新品同然の高級スーツ、ワイシャツだ。スーツ、ワイシャツには、服部の「H」マークが刺繍してあったが、逆に先輩になったような気分で気も大きくなり、経済的にも大いに助けられたものだ。

仕事は厳しく鍛えられたが、心根優しい先輩たちに守られ、一歩ずつ階段を上っていった。ただ、同期の田久保が腰痛ヘルニアを発症し、手術後、営業から異動になる。同期が誰もいなくなり寂しい思いがした。

これ以降、新人がネット営業部に配属されるのは、十数年後になる。私は新人から十五年ほどネット営業部に在籍し、この記録はいまだに破られていないそうだ。

妻光世とのなれそめ

さて、入社して二年後（一九七六年）、二つの出来事がある。

一つは、早大ラグビー部からコーチ要請があった。大東が監督に就任し、私が四年生時、一年生だった豊山が主将に就いたときのことだ。コーチといっても、週末のみなので、快く引き受けた。当時、会社は土曜日が隔週休みだったので、毎日曜日と隔週の土曜日、東伏見のグラウンドに赴いた。東伏見は本当に懐かしかった。ここにいると、日頃の嫌なことも忘れられると改めて感じたものである。

その年は見事大学日本一に輝いてくれ、久しぶりに「荒ぶる」を歌った。その後、五年にわたってコーチを務めたが、残念ながら、日本一はこの一度だけだった。

途中、監督就任の話もあったが、会社の上司からの了解が得られず断念した。

もう一つの出来事は、妻との出会いだ。仕事も、キーパーを務めながらも、少しずつ担当スポンサーを与えられ、営業マンとしての自覚が芽生えてきた頃である。

スポンサーといっても、大手企業とは違い、テレビ出稿の少ない会社を担当した。その中の一つに三洋証券があった。当時はまだ、テレビ出稿はなかったが、なぜか足繁く通った。三洋証券は一九九七年、バブル崩壊のあおりを受けて倒産し、同年には北海道拓殖銀行、そして四大証券の一つである山一證券までも自主廃業に追い込まれ、金融危機が発生する。

しかし、まだ私が通っていた頃は、証券会社が隆盛を誇っていた。

三洋証券の宣伝部には、部長として塩沢直道なる男がいた。塩沢は、浦和高から早大政経学部へ進み、かつ早大では柔道部に所属していた。大変豪快な人で、私は後輩ということで、目をかけられた。

すぐにはテレビ出稿には結びつかなかったが、よく飲みに誘われた。大変な酒豪で終わりがなく、最後は大宮の自宅にまで連れていかれ、何度か泊まったことがあった。当時の証券マンの羽振りのよさ、気っ風のよさを垣間見たものだ。

そして某日、訪問すると、話があると部

仕事のかたわらコーチに就任

長席に呼ばれた。いよいよ出稿してくれるものと思い、喜び勇んで駆けつけると、まったく別の話であった。「俺の姪と会わないか」と突然切り出される。私には、当時結婚までは考えていなかったものの、付き合っている女性がいた。なんとなくほのめかしたが、強引だ。いつの間にか似顔絵まで書きはじめた。塩沢の風貌は想像に任せるが、私は一瞬「えっ？」と驚き、塩沢の顔をのぞき込んだ。すると察したらしく「俺の方の姪っ子ではない。女房の方だよ」と笑い飛ばされた。仕方なく、「それでは一度お会いします」と答えると、最速電話をかけはじめた。なにしろせっかちだ。すぐ彼女に代わり、直接会う約束をさせられた。

テレビ出稿の代わりに女性の話で少し落胆したが、女性の似顔絵が忘れられなかった。彼女は、三洋証券の秘書室に勤務していたが、当時は相模原に自宅があり、相模原支店に異動させたとのこと。

そして、二週間後の休日に会うことになる。〝本物〟とは初対面なので、互いの特徴を教え合い、新宿の喫茶「スタッセ」で落ち合う。私は、店に入ったら「右手を挙げる」と教えていたので、入り口をとおると、胸を張って右手を挙げたが、店が広くなかなか見つからない。まだ来ていないかと思い、入り口まで引き返したら、入り口の一番近い席に彼女は座っていた。それが「柿久保光世《みつよ》」との初めての出会いだった。彼女は、白と青のワンピース姿、私は新調した紺のスーツであった。

とても清楚な感じで、似顔絵とあまりにも似ているので思わず笑ってしまった。しばらく話をしたが、途中、「この人と結婚するのかな」との思いが胸をよぎる。その後は、学生時代からの行きつけの店で、食事をして、もう一軒軽く飲んで、新宿駅まで送った。別れ際、「またお会いできますか」と問うと、「はい」と答えが返ってきて、その後、私は一人祝杯をあげた。何か恥ずかしいことを記したが、これが妻との出会いだ。

さて、光世は、柿久保正一、幸子の長女である。義父柿久保は、若かりし頃、母イワと共に故郷徳島を離れ、大阪・東京と苦労を重ねたようだ。「母ひとり子ひとり」であり、強固な絆を感じた。その後、猛勉強を重ね、のち教育者としての道を切り拓いていく。

義母幸子は新潟の造り酒屋の出で、東京神田で生活していたようだ。幸子の兄妹は、皆長命であり、幸子も九十九歳まで生きる。妹二人も、九十歳を超えてもまだまだ健在である。

光世の弟は、一男と治郎の二人。一男は日体大の陸上部出身で、中学校の校長を務めた。治郎は広告代理店勤務後、縁あって日本語学校の経営に携わった。二人は現在、引退し、それぞれの妻と悠々自適の生活だが、残念なことに二人共子宝には恵まれなかった。その分ではないが、私たちの子供・孫を本当によく可愛がってくれる。私は末っ子なので、二人のことは、実の弟のように可愛がっており、よく酒を飲む。

私は結婚の申し入れに、市川の柿久保家を訪れた際、飲み過ぎてベロンベロンに酔った。「家に泊まってください」といわれたが、東京の親である杉山夫妻から「今日は絶対に帰ってくるように」と厳命されていたことを思い出して帰ることにしたが、この日は大雨だった。タクシーに乗る際、転んでスーツはボロボロになった。見かねた光世、弟たちが杉山宅まで送ってくれた。あの日の屈辱は恥ずかしい限りだが、それ以来、柿久保宅にはよくお邪魔し、ご馳走になり、よい関係を築いていった。

営業マンとしての原点

話は戻るが、この縁が元なのかわからないが、のちに、三洋証券よりテレビ出稿が実現する。当時、テレビ朝日の看板番組の一つ、「土曜ワイド劇場」を提供したいとのこと。年間にすると、数億円の出稿だ。営業マンとして、初めての大きな仕事である。「両手に花」とはこういうことなのか。喜び勇んだのはいうまでもない。

営業駆け出しの頃、もう一社思い出深いスポンサーがあった。アデランスだ。当時の根本信男社長に気に入られ、よく訪問した。最初は、月額五十万〜百万円ほどの仕事だったが、年を追うごとに出稿が増えてきた。私は、社長へのプレゼンテーションで、「カツラは、女性を味方にしたらどうですか？」と提案し、モーニングショーで、九十秒の生ＣＭを勧めた。

これが反響を呼んだようで、アデランスの収益に貢献した。余勢を駆って、昼帯の「アフタヌーンショー」でも生ＣＭを提供していただく。その後、「土曜ワイド劇場」「たけしのＴＶタックル」も提供していただき、全盛期には、毎月億を超える出稿で、年間にすれば莫大な金額となり、圧倒的なシェアを獲得して大スポンサーに成長していった。根本社長は、「テレビの持つ力」を早くから認識、評価しており、アデランスは、その業界の雄になっていく。

駆け出しの営業マンとして、この二社とのお付き合いは、私の原点であり、あえて具体的に記した。

さて、光世とは約二年の交際を経て、二十六歳の時、一九七八年五月六日に結婚する。媒酌人は、日比野弘夫妻にお願いした。日比野は百回以上媒酌人を務めるが、私たちはおそらく二番目か三番目だったと記憶している。

披露宴は明治記念館で行い、テレビ朝日からは、辻井博専務他多くの営業関係者、また永里高平、杉山健史両ご夫妻にもご出席いただいた。また、私の担当スポンサー、広告代理店の方々に

結婚披露宴。左端は媒酌人の日比野

も ご列席を仰ぐ。早大ラグビーからは、藤井恒男、白井善三郎、増山瑞比古大先輩をはじめ、多くの先輩、同期、後輩も駆けつけ、大宴会となった。

媒酌人日比野の挨拶は毒舌の連発で、奥様も冷や冷やしていたそうだが、場は盛り上がる。私も一瞬、両親や親族を見やるが、これまた爆笑である。さすがに、これを見かねた新庄嘉章教授は、挨拶で私を褒めちぎってくれた。

司会は、私の兄貴分前原晃昭にお願いをした。前原も早大卒で（二年生まで柔道部に在籍）、飲み過ぎてベロンベロン状態だが、さすがに盛り上げはうまい。私の妻をもじって、「神山の妻は光世です。私の妻は郁代です」などと連呼し、ヤンヤの喝采を浴びる。

私は飲まされ続け、衣装直しの際控え室でひっくり返り、仲居さんから「もう少しだから頑張って」と励まされたことを思い出す。

なんとか無事に宴も終わり、最後に故郷の幼なじみ数人と、六本木へ向かい、大変な一日が終わった。翌日から一週間ほど、新婚旅行で九州に行ったが、行く先々で知人が駆けつけて歓待を受け、新婚旅行どころではなかった。

こうして、二十六歳で所帯を持ち新たなスタートを切った。新居は、西船橋の新しい公団の抽選に当たり、少し遠かったが決めた。妻は、叔父の松本（元中学校校長）の紹介で、地元中学校の教職員になる。私の給料だけでは十分ではなく、共働きだ。

週末は早大ラグビーのコーチがあり、仕事量も増えて私も何かと慌ただしく時が過ぎていく。ネット営業部は、毎年の人事異動により、少しずつメンバーが替わっていくが、私は相変わらず一番年下だった。ただ、徐々に実力が認められ、担当スポンサーが増えていった。嬉しいことではあったが、多忙になり、早大ラグビーのコーチは、三年後に退任する。

SMKトリオ

こうした中、一九七七年には、社名が「全国朝日放送（略称・テレビ朝日）」に変更となる。大株主の朝日新聞社の高い知名度を活用して、徐々に系列局が拡大していく（朝日新聞社の戦略だが）。一九九六年には、全国ネットワーク二十四局が完成し、一部地域を除いて、テレビ朝日の番組が全国に放送されるようになる。ＡＮＮ（オールニッポンニュースネットワーク）系列の完成である。

営業は多忙だが、担当スポンサーが増えて自分の売上が伸びていくことが、何よりの励みだ。また、仕事のあと、先輩たちと飲む酒は格別だ。昨今の風潮では、「面倒くさい」とか「仕事が終わったら上司の顔など見たくない」といった声も聞かれるようだが、われわれの頃は誘われれば当たり前の時代だった。

先輩は、よくご馳走してくれると同時に、人生訓などいろいろ教示してくれる。営業マンは、広告代理店やスポンサーの人たちと飲む機会が多いが先輩と飲む時はホッとする。だいたい焼き鳥屋が多いが、たまにいい店に連れていってくれる。また、歌が好きな先輩が多く、だいたい二次会に行き、日頃の疲れを癒やすべく声を張り上げる。翌日に響くことしばしばだが、私は一番下なので、よく誘われた。だが重宝がられるのは、酒作りをするからだ。水割り作りは、各先輩の濃さが頭に入っており、頼まれると、サッと作って渡す。しかし、たまに気に入らないと、私は反抗することがあり、その時は先輩たちも驚いたようだ。まだまだ体力に自信があったからだろう。反省する点は多々あったが、当時の風潮の範囲内であり（？）若気の至りで事なきを得た。

その後、一人の男が、名古屋支局から異動してくる。佐々木禄郎だ。佐々木は、大学二年生の途中まで、法政大でラグビー部に所属していたが、訳あって退部したとのこと。私より十年先輩だが、以来本当の兄貴のように親っている人物だ。愛知県一宮市の出身である。

一宮は昔繊維で栄えた町で、佐々木の家は当時三千坪の広大な屋敷だったようだ。いわゆる坊ちゃんだ。ボディビルで鍛えた身体は、ヘラクレスのようだった。話術に長け、一種の営業の天才。ラグビーとの縁もあり、私は可愛がられよく飲んだ。通称「ロクさん」だ。

そこに、前述の前原晃昭が加わる。前原も話術に長け、営業センス抜群である。私より五歳上だが、よく三人で飲んだ。三人共酒豪で話は尽きることがない。三人が店のカウンターに座ると、必ず私が真ん中に座らされる。左右からの攻撃で、たまらず途中トイレに行き、あまりのうるささに、そのまま帰ったことが何度かある。当時は、携帯もなく、いい時代だったとも思う。

三人の行く店はだいたい焼き鳥屋だが、「ロクさん」はハツだけで四、五十本食べる大食漢で、焼き鳥屋の主人が嘆く姿が印象的だった。この三人は、自他ともに認める仲良しで、現在は離れ離れだが親交は続いている。「ロクさん」は、テレビ朝日で局長を務めたのち、青森朝日放送の社長に就任した。

SMKトリオ。左から兄貴分の佐々木禄郎、前原晃昭

前原は鹿児島県横川町の寺の跡取りだったが、父が裁判所勤務で、仕事の関係で長崎、東京に移り住んだようだ。前原も、テレビ朝日での役員待遇を経て、中学・高校の出身地、長崎文化放送の社長に就任した。

この三人は、頭文字を取って「SMK」と呼ばれたほどだ。

また、当時のネット営業部には、業界において、名の知れた営業マンが揃っていた。番組力は、まだ他局に劣っていたが、営業マンの質は他局と比較しても遜色なく、高い評価を得ていたようだ。服部光雄、宮澤悦郎他、名を挙げれば切りがないが、中でも河合久光、神村謙二には営業の王道を教えられた。河合は慶応出身で、歌舞伎役者を彷彿させる二枚目。実家は浅草雷門の名家で、質屋を営んでいたようだ。結婚式の主賓は、日本画家の巨匠東山魁夷だった。奥様は日本舞踊の宗家・藤間流の子女である。河合はテレビ朝日で常務を務めたのち、静岡朝日テレビの社長に就任した。

神村は広告代理店「大広」からテレビ朝日に転じてきた。向学心に溢れ、勉強熱心、知識も旺盛で、自他ともに認めるテレビ朝日のエースの一人。神村は、テレビ朝日で常務を務め、のちにＢＳ朝日の社長に就任した。

また、河合、神村と同年代には矢部征男がいた。慶大ハンドボール部出身で、先述のように私が入院した矢部医院院長の弟だ。矢部には、同じ体育会出ということで、よく飲ませてもらった。歌も超一流で、毎夜六本木界隈に繰り出し、私も午前様まで付き合わされたことが幾度もあったが、矢部は住居が三田にあり、なかなか終わらない。しかし、無理が祟ったのか、五十代で早逝する。この三人からは、「ＳＭＫ」と違った意味で、多くの知識と人脈を得ることができた。この三人は頭文字を取って、「ＹＫＫ」と呼ばれ、一世を風靡した。私たちの「ＳＭＫ」は、これに対抗したわけでもないが。

こうした先輩のおかげで、キャリアアップができ、同時に大手スポンサーの担当も増えていった。当時、宣伝業界の雄の一社であったサントリーを神村から引き継いだことは、その象徴だった。当時私が関わったスポンサーの詳細は省くが、多くの一流スポンサーと接することで自信を深めていった。

また、電通、博報堂他大手広告代理店とも、大手スポンサーとの取引が増えていくごとに、会う相手が増え、いくら時間があっても足りないほどだった。

しかし、テレビ朝日の位置づけは万年四位のままだった。番組編成においては、資本の関係で東映制作の「時代劇」「刑事もの」の番組が、一定の比重を占めていた。視聴率は獲るものの、スポンサーの意向（ターゲット）にそぐわない番組があり、スポンサー獲得には苦労し、なかなか苦境を脱することができなかった。ネット営業部は、スポンサー・広告代理店と、基本六ヵ月契約を結ぶが、とくに低視聴率番組では、それがかなわず、日々スポンサー獲得に奔走する。

そういう状況下、私にとって初めての海外出張が訪れる。サントリーが協賛していたゴルフの「世界マッチプレー選手権」は、毎年ロンドン郊外のウェントワースクラブで開催される。青木功が優勝した大会だ。この放送権を取得したので、出張せよと命を受けた。サントリーは、社長以下多くの宣伝関係の人が渡英するので、それを「フォローしろ」ということだ。当時の吉田常務に同行し、ロンドン、ウェントワースと毎日行き来し、約一週間過ごした。この出張は、私にとって忘れ得ない第一歩だった。

三人の子供たち

結婚二年後の一九八〇年、第一子・長男剛史《つよし》が誕生する。私が二十八歳の時である。三年後には、長女知世《ちよ》が誕生した。剛史は現在四十四歳になるが、早大学院から早大政経学部に進み、卒業後トヨタに入社する。以降、日産を経て、現在アクセンチュアに転じた。元々、「グローバルな人間になりたい」という本人の希望もあるが、私は進路には口を挟まず、本人の好きなようにさせてきた。だが三度目の会社であり、少し心配をしている。

剛史は妻喬子との間に、長男雄一、長女史子、次男晴人の三人の子供に恵まれた。

長女知世は日本女子大卒業後、ハウス食品に入社。同僚の橋本寛之と結婚し、長男成伍、次男洸己、長女紗世と、これまた三人の子宝に恵まれる。現在、橋本の赴任地の上海で生活をしている。私の妻光世、長女は知世、孫娘が紗世と、三人とも「世」が付いている。私はなぜか「世」が好きで、娘の時は私が名付け、孫の時には橋本にお願いをした。

長女の知世誕生から五年後の一九八八年には次女亜希子が誕生する。亜希子は、実家神山家の長男夫妻に子宝が授からなかったので、養子に出す決心をした。神山家が途絶えてしまうことを懸念する両親のことを思い私たちも心配をしていた。いろいろ問題もあり相当悩んだが、私たちは「三人目の子を授かったら」と、決断した。妻は、栃木の実家に行き出産することを決意し、亜希子が誕生する。妻の心中を察するとたまらなかったが、妻は見た目とは違い気丈な女性だ。

亜希子は結婚前まで事実を知らなかったが、正直に私たちの思いを伝え、なんのわだかまりもなく納得したようだ。亜希子は田舎大好き人間で、現在男の子二人（長男識《しき》、次男慧《けい》）にも恵まれて元気に暮らしている。亜希子は、宇都宮女子高から東京造形大学に進み、画家でもある。私の自宅にも、前述した羽黒山の絵や、何点か飾ってある。

私たちはできるだけ田舎に足を運び、孫と遊ぶ。孫二人も、私たちを好いてくれているようだ。

モスクワオリンピック独占放送権

話はまたまたそれてしまったが、一九八〇年代に、いくつかの特筆すべきことがある。一つは、一九八〇（昭和五十五）年「モスクワオリンピック」を独占中継する権利をテレビ朝日が取得した。当時の専務取締役三浦甲子二（故人）は朝日新聞から天下ってきたが、大変な遣り手だった。朝日の政治部記者時代は、読売新聞の渡邉恒雄と並び称されるほどの敏腕記者であったと聞く。個性が強く、巷間噂の絶えない人物であったが、なにしろ剛腕だ。

当時、ソ連の共産党書記長であるブレジネフ、コワレンコ国際副部長らとの交渉に交渉を重ね、「放送権取得契約」を締結してしまった。私は知る由もなかったが、想像するに三浦は万年四位に甘んじているテレビ朝日に超起爆剤を持ち込み、先発局に対し狼煙を上げたかったのだろう。誰もが想像だにしなかった快挙・快事であった。しかし、多くの問題が待ち受けていたのは当然だった。

何よりも、オリンピック放送は、これまで長きにわたり、ジャパンコンソーシアム（ＪＣ）方式で臨んでおり、ＮＨＫ・民放連の共同制作だ。当然放送権料は、ＮＨＫ・民放連が決められた比率でＩＯＣ（国際オリンピック委員会）に支払うことになっていた。

これを一民放局のみが放送し、そして膨大な放送権料を支払うことによる、経営上の問題があった。

さらにこれまでＪＣ方式によって、民放が放送権料を負担し、民放各局が作ってきた番組すべてをセールスしてきた電通の問題があった。とくに、電通はＴＢＳやＮＴＶとも関係が深く、その局を裏切ってこの契約を結んだテレビ朝日にどう対応してくるのか、私などはこの問題が非常に大きな問題であった。

その他挙げたら切りがないが、裏では着々と各方面で根回しが進んでいるとの情報も入ってきており、「独占契約」を発表する。

裏方では、ネット営業部副部長羽柴隆生の存在が大きかった。三浦の意を受け、スポンサーや電通他に手を打っていく。羽柴は中央大の柔道部出身で、図体がでかく、懐が深く、何ものも恐れず、沈着冷静な快人物だ。部長とは同年代だったと思うが、私などは羽柴の立ち居振る舞いを見ていると、局長以上の感じがした。また、私は不思議と目をかけられ、柏市にある自宅に何度も招かれたことがあった。

羽柴はその後、営業局長を経て、制作局担当の常務になるが、二年後に秋田朝日放送の副社長に就任した。常務であれば社長の座が当然だが、今もって謎の人事だった。

こうして、それぞれの立場の人の努力が実り、正式に発表される。この快挙に、テレビ朝日社員は喜びに沸き返った。これで何事もなければ万々歳だった。

だが……。好事魔多しである。

前年のソ連によるアフガニスタン侵攻に対し、当時冷戦状態だったアメリカは、オリンピック参加のボイコットを表明する。これを受けて、当時分断国家であった西ドイツ、韓国、そして日本と、西側諸国約五十ヵ国がボイコットに追随した。日本では、金メダル確実と評判の高かった柔道の山下、レスリングの高田、マラソンの瀬古などの涙の会見を思い起こす人も多いだろう。

スポーツと政治の関わりは計り知れないものを感ずるが、本来は切り離して考えるべきものだ。オリンピックの理念は「スポーツを通じて心身を向上させ、平和でよりよい世界の実現を目指す」とあるが、残念なことに現実的には、政治と区別することにはならない情勢となっている。クーベルタン男爵の思想とは大きく乖離する悲劇である。

そしてやはり四年後の「ロサンゼルスオリンピック」でも同じことが繰り返され、逆にソ連と東ドイツをはじめ東側諸国がボイコットする片肺オリンピックとなる。これが続けば、「真の世界一」「平和の祭典」というキャッチフレーズは空しく響くだけである。

テレビ朝日も、一転、奈落の底に突き落とされた。編成時間は大幅に縮小され、当然営業売上高も大きく減少する。社内では責任論が噴き上がるが、私はテレビ業界に一石を投じた意味で大きな意義があったと今でも思っている。当時は、テレビ局の成り立ちを含めて、ＮＴＶ、ＴＢＳの先発局が強く、タレントを含めた番組力もあった。当然、大手広告代理店もそれは意識せざるを得なく、フジテレビやテレビ朝日は、その後塵を拝していた。そんな商慣習を破り、誰も予想だにしないことに、チャレンジをした。この精神に、将来に向けて少し明るい兆しを感じることができたことは、私にとっても大きな励みになったのはいうまでもなかった。

「ニュースステーション」誕生

二つ目は、オリンピック騒動から五年後、一九八五（昭和六十）年十月に、また業界に新たな衝撃をぶち上げる。得意の（?）フロンティア精神からか「ニュースステーション」（現報道ステーション）の立ち上げだ。平日月曜～金曜の二十二時から、報道情報番組をベルトで編成する。当時は、NHKが二十一時台にニュース番組を、長年にわたってベルトで編成しており、無謀な編成かと思われた。

しかし、約一年前から立ち上げ、その先の成功に向けて、綿密な打ち合わせが行われていた。マーケティングを熟知している電通のメディア部門のトップが、企画開発の段階から深く関与していた。この頃、電通とテレビ朝日の関係も良好なものに少しずつなってきたように感じられる。営業マンの努力は無論だが、モスクワオリンピックの影響も少しあるかも知れない。

社内では、「編成のドン」と呼ばれた小田久栄門（故人）の下、報道制作局を中心に社内の英知が結集し、極秘にプロジェクトが進行していく。現テレビ朝日ホールディングス会長の早河洋もその一人だった。また、報道からは異論が出たようだが、制作会社「オフィス・トゥー・ワン」を参入させる。これは、電通との関わりが深く、制作能力が高かったからだろう。

こうして、「テレビ朝日」「電通」「オフィス・トゥー・ワン」が三位一体となり、着々と構想が練られていく。司会は、外部から久米宏、局アナの小宮悦子、コメンテーターには朝日新聞の小林一喜が決まる。久米はＴＢＳの番組出演が長く、その時も「ザ・ベストテン」の司会者だった。ただ久米は、そろそろ自分の領域を広げたい考えを持っていたようだ。その結果、この新しい番組に興味を持ったのだろう。

番組発信に向けて、「中学生でもわかるニュース」をコンセプトにし、十月番組スタートに向けて万全の体制で臨んだ。

一方で、営業局内では大問題となった。番組の構想段階では、一握りの幹部しか知らなかったようだが、私は電通から薄々情報を得ていた。営業にとって問題の一つは、「ニュースステーション」のスポンサーは電通がすべて仕切ること（買い切り）だ。問題の二つ目は、この編成によって既存の番組が他枠への移行か、もしくは廃止になるということだった。当時、二十二時台の編成は、系列局の朝日放送（ＡＢＣ）が、二番組持っており、他の三番組が当社だった。いずれも高視聴率番組であり、当然ながらスポンサー交渉も難航が予想された。

しかし、この編成は社の決定事項である。ネット営業部は大混乱に陥った。私もスポンサーの折衝に長く時間がかかったがやむを得ない。ただ、ＡＢＣは金曜の二十二時には「必殺シリーズ」を編成しており、長く大阪ABCの顔として親しまれている番組だ。交渉は難航を極め、結果まとまらず、「ニュースステーション」は当初は金曜日のみ二十三時スタートとなる（一九八八年四月から二十二時へ）。

こうして紆余曲折ながらスタートしたものの、当初は思うような視聴率には結びつかない。報道現場は、胃が痛い日々だったろうが、営業も堪らなかった。しかし、三ヵ月（一クール）が過ぎた頃、運が向いてくる。翌年二月、フィリピンで革命が起きる。マルコス大統領が退陣に追い込まれた「エドウサ革命」である。番組では、連日生中継を交えてこの状況を伝えていく。あのイメルダ夫人の三千足に及ぶ靴の映像もその一つだ。視聴率は一気に二〇パーセント以上に跳ね上がり、大きな起爆剤となった。

この頃から、サラリーマンの帰宅者の視聴が増えてきたのだろう。NHKが放送している二十一時では少し時間帯が早いので、二十二時台は帰宅して、一服して、ちょうどゆっくり視る時間帯なのだろう。電通のマーケティング戦略が功を奏したのだろう。以降、安定した視聴率を獲得、今日まで、数多の話題を視聴者に届ける番組に成長し、まさにテレビ朝日の「看板」になっていった。

なかでも、一つだけどうしても忘れられないことがある。ニューヨーク他で起きた「同時多発テロ」だ。二機の飛行機がワールドトレードセンターに激突したのは、二〇〇一年九月十一日、日本時間で二十一時四十六分と二十二時三分だった。私はちょうど二十二時前に帰宅してネクタイをはずしたところで、この衝撃の映像を「ニュースステーション」で視た。事件や事故は起きてはならないが、一方でテレビ報道の持つ力を改めて認識した。とくに〝生〟は、言葉にならない力を持つ。

スポット営業部に異動

「ニュースステーション」スタートの翌年、一九八六年には、六本木地域再開発に伴い本社をアークヒルズに移転した。住み慣れた六本木からの移転は寂しいものがあった。

私は、ちょうどこの時、長年在籍したネット営業部から、入社して初めて異動になる。同じ営業局だが、スポット営業部である。「スポットの勉強もせよ」とのことだが、同じ営業でもまったくといっていいほどセールスの形態が違い、異動当初はかなり戸惑った覚えがある。一方で、スポット部は、若手が多く、私は管理職だったが、いろいろ若手から教えを請うた。

スポット営業はネット営業と違い、おのおのが代理店担当を任せられる。「電通班」「博報堂班」他に分類されるが、テレビスポンサーは、当時、約八百社に上り、担当は代理店と共同作業で「案」を作成し、スポンサーの了解を得て決定にこぎつける。日々細かい作業の連続だが、代理店との連携が非常に大事になる。視聴率も無論大事だが、この「案」作りにおいて優劣が決まり、他局に勝つか負けるか、他局よりスポンサーの出稿が多くなるか少なくなるか、ほぼ見えてくる。

このスポット部を実質的に引っ張っていくのはデスクだ。当時デスクの小林勇は、私より八歳上だが、スポットの生き字引といわれるほどスポットに造詣が深く、業界でも一目置かれる存在だった。若手には、壱岐正、土屋英樹、笠浩史、林恵理子他有能な部員が多く、活気に満ちていた。私の立場は、実務の案作りではなく、主に代理店やスポンサーの責任者に会い、当社に少しでも多く出稿させるのが大きな役目だ。

スポットの出稿は、スポンサーのキャンペーンでは大きな金額が動く。だいたい、全局を一斉に使用するが、当然局によってバラツキがある。そういう場合、私の出番となる。さらには、二局に限定されることになると、勝つか負けるかであり、負けたら一円にもならない。仮にスポンサーの今回の出稿が三億円だとする。その二局に選ばれれば一・五億収入があるが、負ければゼロ円。日々、厳しい戦いの連続で、スポットは終わりがない。頭の回転が速く、体力もある若手でなくては、と改めて感じた。この頃、私は若手からも親われはじめ、仕事終わりに若手連中、そして代理店の若手連中とよく飲んで語り合った。連中はヤンチャで、飲み過ぎると危険な感じもしたが、私はネット営業時代とはまた違った思いで営業の面白味を感じていたようだ。この時代に副部長に昇進する。

このスポットに在籍中、人生で初めて媒酌人を頼まれる。スポットについてはまた後述するが、この話にふれておきたい。依頼人は、土屋英樹だ。土屋は、ラグビー家族といわれるように、私とも縁が深い。土屋の父英明は、明治ラグビー部の往年のスターであり、弟俊明と共に日本代表まで昇り詰めた男である。私は学生時代から可愛がってもらい、英樹がテレ朝に入社したこともあり、ちょくちょく世話になったが、残念なことに英明は五十代半ばで急逝する。その遺言の中に、「結婚する時は、神山に仲人をやってもらえ」とあったそうだが、それはわからない。弟俊明と早大ラグビー部先輩（前出）の藤島が結託して、私を説得したようだ。この二人は義兄弟である。英明は前述のように本当に急逝だったのだから。土屋の嫁は、読売広告社に勤める才媛だった。

私は、一度きりの媒酌という気持ちで引き受け、なんとか無事に大役を終えることができた。同じ業界の披露宴ということで知己も多く、酒と共に盛り上がり、延々と続いたことを思い出す。

その後、一度きりと誓った媒酌だが何人かに頼まれ、どうしても断りきれない二人のみ引き受けることになった。一人はスポット営業の出田だ。当時私は、編成部に異動していたが、毎日のようにお願いにくる。たまらず最後に「わかった！」の一語で引き受けた。

その前に今井豊の依頼を断っていたので、今でも申し訳なかったと思っている。今井は、営業局長を経て、静岡朝日放送取締役、そして現在はテレビ朝日サービスの社長に就任した。私の可愛い後輩である。

もう一人は笠浩史だ。スポット営業出身だが、当時は報道局に転じていた。現在は立憲民主党の衆議院議員である。嫁は西山美樹子で、日本テレビ社員だ。当時は、二人共政治部記者として活躍をしており、結ばれたようだ。

笠は男ばかり四人の長兄として、苦労をしたようである。母は女手一つで、保険の外交員をしながら子供を立派に育てた。笠は、福岡修猷館高校を卒業後、慶大に進みテレ朝に入社してくる。かなり山っ気があり、当時から政治家になりたい雰囲気はあった。入社以来、私を親ってきていたことは、よく感じていた。

一方、美樹子の父は高名な経済学者だ。子息の西山圭太は、経産省に勤める東大出のキャリアで、商務情報政策局長などを歴任した。

当時、私の立場は営業局長だったが、事前に披露宴の出席名簿を見てビックリ仰天した。新婦側の主賓は日本テレビ会長の氏家齊一郎。氏家には事前に報告に行った際、「お前、ウチに来ないか」と真顔でいわれ、「いえいえ」と答えるのがやっとだった。出席者は、政治家だけで四十人近くに上り、政治パーティに近いものがあった。総理経験者も、羽田孜、福田康夫、橋本龍太郎、森喜朗（夫人のみ出席）他お歴々がズラリ出席する。テレビ朝日側は、中井靖治、風間建治両取締役が筆頭であった。

総勢五百人が出席する大披露宴、私が引き受ける際に聞いた話とは雲泥の差になったが、いまさら怒るわけにもいかない。入場間際に少し足が震えてきたので、笠と二人で水割りを四、五杯あおってから入場した。ラグビーとは違って生まれて初めて経験した緊張感だったが、無事大役を果たして女房と目配せをした。延々と宴は続き、場は自民党と民主党（当時）の議員が笠をスカウトする場となり、これまたこれまで経験したことがない、異様な雰囲気であった。

五時間に及ぶ宴が終わり、私と妻は疲れ果てて控え室に戻り、思わず床にへたり込んだ。思えば、朝からの挙式だったので、どれくらい時間が経ったのだろう。これから、二次会に出てくれといわれており、もうヤケクソだ。女房は私のことを心配していたが、自身は意外と平気な顔をしていた。女性は強い！

それにしても凄いのは政治家である。氏家は主賓挨拶後サッと席を立ったが、政治家のほとんどは最後まで帰らなかった。最後のお見送りの際には、橋本龍太郎、福田康夫夫人、青木幹雄他多くの先生方から労いの言葉をかけられ、苦労が吹き飛んだようだ。

さて、笠はほどなくして退社し、政治家として歩みはじめ、現在は立憲民主党の幹部として活躍している。媒酌人の話になり、先まで行ってしまったが、話を戻していきたい。

「日産事件」

スポット営業で少し経験を積んだ頃、事件が起きる。当時、営業では「日産事件」と呼ばれたそうだ。日本の多くのスポンサーは広告代理店を一社に絞らず、複数の代理店と関係を持つ。少しでも有利になる取引を求めているのかわからないが。一方で、欧米の取引の基本慣習では一スポンサー一代理店なので、日本独特の慣習ということだ。

日産も、これまでは電通、博報堂、日放など複数の代理店が関わっていた。しかし、当時アメリカから帰国した人物が宣伝部長に就任すると、さっそく欧米式の慣習に踏み切る決断をした。

その情報が流れるや、業界は大騒ぎだ。裏では相当な動きがあったようだが、この決断は覆ることはなかった。その宣伝部長は、各代理店のプレゼンテーションを受けて、後日、歴史的な決断を下す。

それは「博報堂一社にすべてを任せる」という決断だった。広告の雄、電通が敗れたのだ。金額にすれば年間数百億円規模だ。巷間、噂が飛び交い業界が騒然となったが、真相はわからない。

〝事件〟はその一年後だったろうか。博報堂テレビスポットのテレビ朝日担当者と日産の営業担当者が、スポット営業博報堂担当の笠、林の許にある提案を持ってくる。それは驚くべき提案だった。日産が、視聴率好調な「ニュースステーション」の直前のステブレ（ＳＢ、番組と番組の間の短い時間枠）十五秒を、月曜から金曜日、ベルトで買い切りたいというのだ。金額は月額にして億をはるかに超え、年間にすれば巨額だった。

基本的には問題ないのだが、なにしろ電通買い切りの「ニュースステーション」の直前である。二人から私にこの話があった際、とにかく驚いた。すぐ二人には箝口令を厳命し、一切動いてはならないといい聞かせた。無論二人は、当然状況を把握しており、簡単な話ではないから私に上げてきたのだ。優秀な二人だ。

この問題は、一歩間違えば電通との全面戦争になる類の、理屈抜きの道義的問題である。私は、一日、二日、熟考した。二人の若手の発想をなんとか実現してやりたい思いが募ってきた。二人には、「先を急ぐな！　俺に任せろ！　部長、デスクにも報告するな！」と伝え、私一人、電通と交渉に入る。

交渉術はここで記すことはできないが、電通スポット部長はじめ幹部との話し合いは何度も決裂する。私は、毎朝八時頃電通に赴き交渉する（アナログ戦術）が、彼らも意地があり平行線を辿る。一ヵ月、二ヵ月が過ぎるが、最終的には、電通スポット部長とサシで話し合い、遠回しながらも了解を得る。一番恐れていたのは、電通扱いのスポンサーが、他局に持っていかれてしまうことだったが、部長からは、概ねよい感触の返答を得た。電通の若手たちは、相当に頭にきたと思うが、なんとか時が解決してくれた。この顛末をずっと見守ってきた電通担当班の壱岐、土屋には、本当に辛い思いをさせた。電通には彼らのファンが多く、私にとっても本当に長い月日になった。これほどの作業は、無論一度も経験がなかった。ただ、私は先述の二人の発案を、どうしても実現させてやりたかっただけだ。

一方で、日産と博報堂は、この企画を十年以上にわたって続けてくれ、あわせて博報堂からは大きな信頼を勝ち得たのだ。

スポット営業での私の思い出は、これぐらいだが、ネット営業部とは違う多くの知己を得、次へと進んでいく。

アメリカ代表事務所での半年

三年ほどスポット営業部に在籍したが、後半の一九九四年、四十二歳の時、ニューヨーク出張を命ぜられた。斎田祐造局長からの命である。二年前、当時の羽柴局長からも内々の話があったが、諸事情によりお断りした。当時、営業から二年間、ニューヨーク支局で研修する制度を羽柴が考案した。初代は神村謙二、次に明石光司が務め、その次に指名された。断った際、羽柴から「お前は向学心がない奴だな」といわれ、私は「これからは、もっと若い者の方がいいんじゃないですか」と返したが、結果的にそのとおりになる。のちに社長となる亀山慶二だ。

しかし斎田局長になり、もっと短期間（六ヵ月）で、多くの人間に経験させようと方針転換となり、その第一号は「お前だ！」と指名され、今度は断れない雰囲気だった。

ニューヨーク支局はロックフェラーセンタービルに入っており、まさに市街のど真ん中だ。支局には「報道部門」と、二年前に発足した「アメリカ代表事務所」がある。私は後者での研修だった。目的は特段与えられていないが、アメリカのテレビ広告事情とか、一応何度かレポートを提出した。また、番組の取材で、本社の制作陣がニューヨーク来訪の折りには行動を共にした。

思い出深いのは、「アポロ13号」の番組制作に関わった際、約一週間にわたって作家の立花隆とプロデューサー増田らの取材に同行したことだ。テキサス州ヒューストンにあるアメリカ航空宇宙局（NASA）の宇宙センター他、多くの取材先を訪ねた。夜は、毎日立花隆と食事を共にするのが楽しみだった。よく話をされて、私はただ聞き入るばかりだ。あらゆる事柄に通じ、その知識量は半端なかった。立花からすれば、ほんの一部しか話をしていないと思うが、私からすればすべて目からウロコ。「天才と秀才を併せ持つ」という言葉がピッタリの人物だった。プロデューサーが私を紹介してくれた時、経歴を聞いて「ほ〜」と目を丸くしてくれた。

私は英語が苦手で当初は苦労したが、生活に慣れてくるにつれ、一人でも食事には困らなくなった。ニューヨークには多くの日本企業の支社があり、紹介されて多くの知己を得られた。NECの工場なども見学することができて大いに勉強になった。また同じ業界では、電通アメリカ、ニューヨーク電通にはよく足を運んだ。電通が世界で活躍している一面を垣間見られた。とくに、電通アメリカの荒井社長、南には、本当に世話になった。

ニューヨークには、日本からお世話になっているスポンサーの方々が、次から次へと出張してきた。そのたびに、一日だけ夜の時間をもらい、夜のニューヨークを案内した。なかなか喜んでもらえ、より絆を深めたものだ。

私が滞在したのは五月から十月で、時期的には恵まれていた。

この年は、アメリカで初めて、サッカーのＦＩＦＡワールドカップが開催された。電通アメリカの坂本に大会期間中の週末チケットをお願いする。坂本とは同期で、仲がよかった。彼の弟は慶大ラグビー部である。おかげで、シカゴでの開幕戦を機に、多くの試合を観戦し、最後は、ロサンゼルス郊外にある競技場ローズボウルで行われた決勝戦を観戦した。十万人の大観衆下、ＰＫ戦まで持つれ込み、イタリアのバッジオがはずし、ブラジルが優勝する。ブラジルの主将は、のちに日本でプレーしたドゥンガだ。

ヤンキースやメッツのＭＬＢ、ＮＢＡ（バスケット）、ＮＦＬ（アメフト）、ＮＨＬ（アイスホッケー）なども観戦し、競技場の素晴らしさ、観客マナー、場内雰囲気の盛り上げなど、日米文化の違いを目の当たりにした。スポーツ以外でも、ミュージカルをよく観た。ただ、ニューヨークは、スポーツでもミュージカルでもスタート時間が遅く、食事をしてから観戦するのが常で、途中疲れて寝てしまうのが難点だった。

こうして、あっという間に半年が過ぎて帰国する。この半年間は、自分が考えていた以上に得るものが多く、充実した時間だった。滞米中、子供はまだ小さかったが、家族と義父が来てくれた。休暇をもらい、ワシントンＤＣ、ボストン、ナイアガラ他に連れていき、息抜きをさせてもらった。

早朝、セントラルパークをジョギングしたことは忘れられない思い出だ。

大惨事を逃れる

帰国後、いったんスポット営業部に戻るが、翌一九九五（平成七）年四月に、初めて営業以外のセクションに異動になる。編成局編成部だ。編成部は、報道局、情報局、制作局、スポーツ局をとりまとめるセクションだ。各現業部門が現場を仕切るが、最終的な判断をする、まさにテレビ局の心臓部であり、コントロールタワーだ。

年二回行われる番組改編では、主に低視聴率番組が対象になるが、各セクションの思惑、制作能力、営業との兼ね合い、また他局の動向などを見極め、総合的な判断を下していく。私は、のちにこの総合的な判断を下す担当になるが（最終決定は、編成部長・編成局長）、当初は、報道局と情報局の担当だった。

報道局は政治・経済・社会の一般ニュース報道の他に、社の看板番組「ニュースステーション」や夕方のニュース番組などを制作する局、情報局は主に朝昼帯のワイドショーを制作する他、教養番組も手がける。

報道局は局長の下、センター長、デスクが仕切っていく。当時のセンター長は岡政和（のちに山形テレビ社長）、デスクは山口誉恭だった。二人は早大の先輩であり、本当に目をかけられた。営業しか知らない私に、懇切丁寧に報道の何たるかを教示してくれた。共に酒豪で、よく飲みに連れていってもらったが、世の中何が起こるかわからない。私も報道担当なのでポケベルは常時携行していたが、酒席中に何度ポケベルが鳴ったことか。そのたびにゾッとしたものだ。

余談だが、岡の唄う「無法松の一生」は絶品である。岡は早大で詩吟部に在籍していたとのこと。とくにアンコ（セリフ）の部分は、ただただ唸るばかりだった。

一九九五年、私が編成部に異動になる前に、大きな出来事が発生する。

一月十七日早朝、関西地区で大地震が発生した「阪神・淡路大震災」だ。六千人を超える犠牲者が出た。戦後発生した最悪の自然災害だった。

二つ目は、三月二十日に東京で発生した同時多発テロ「地下鉄サリン事件」だ。オウム真理教の信者によって、地下鉄内で化学兵器サリンが散布される。犠牲者は十四人、負傷者は六千人を超える大惨事だ。私はこの時間、会社に向かっている途中で、ちょうど茅場町駅に到着し、日比谷線に乗り換える寸前だった。

日比谷線のホームに行くと電車がストップしており、日比谷線内で事故というアナウンスがあり、立ち往生となる。ちょうど、その時間に日比谷線・丸ノ内線・千代田線各路線でサリンが散布されたようだ。私が利用する日比谷線内では、八丁堀駅、築地駅、神谷町駅、逆方向では小伝馬町の各駅で散布され、計九人の方が命を落としていた。もし私が一つ前の電車に乗っていたら、間違いなくこの大惨事に巻き込まれていただろう。八丁堀駅は、茅場町駅から一つ目、築地駅は二つ目だ。あとで事実を知るが、「命拾いした」と体がブルッと震えた。

私は過去にも大きな事件に遭遇している。

一つは、新入社員時、一九七四年八月に発生した「三菱重工ビル爆破事件」で、極左テロ集団による無差別爆弾テロだった。お昼時で、私は一人、丸の内ビル街の地下で昼飯をとっていた。その時、突然大きな爆発音があり、慌てて地上に駆け上がると、あたりはガラスの破片が飛び散っており、血を流した多くの人々が泣き喚き、修羅場と化していた。何が起きたのか理解できなかったが、すぐ地下に戻り、公衆電話に飛びついた。デスクに事情の説明と安全である旨を急ぎ伝えた。社内ではすでに情報を把握しており、各営業マンの連絡を待っていたようだ。かなりの営業が外出していたようで、社内は万一のことを考えてテンヤワンヤだったそうだ。丸の内にいたのは私一人だったようだが、もし昼食が早く終わっていれば、この大惨事に遭遇していただろう。

また、一九八二年二月に発生した「日航羽田沖墜落事故」でも一日違いで難を逃れている。後輩豊山京一の結婚式で福岡に赴いたが、一日前の同便で帰京したのだ。翌日、これまた体が震えた。

これらの事件や事故で、まさに間一髪で難を逃れたことは、不思議でならない。

激動の編成局編成部時代

さて、編成部に異動になって約三年間在籍したが、この三年間も激動であった。

まず、三月に発生した「地下鉄サリン事件」の首謀者として、五月十六日に教祖麻原彰晃が、山梨県上九一色村で逮捕される。一九七二年の「あさま山荘事件」を彷彿させる事件であり、報道局挙げての対応になった。私の編成部での初仕事で、生中継を中心に多くの時間を割いて「特別番組」を組んだ。報道と編成の連携で番組を進行していくが、私はずっと報道現場に張りつき、新しい情報があるのかないのか、もろもろの情報、状況を、報道デスクセンター長と協議し、「特別番組」をいつ終了するか判断していった。

さらに、一九九六年、これまた国を揺るがす大事件が勃発する。この件は、単なる事件ではなく、テレビ朝日が危殆に瀕することになった。南米ペルーで起きた「ペルー日本大使公邸占拠事件」である。首都リマで起きたこの事件は、終結まで四ヵ月に及んだ。

ここで、テレビ朝日にとって大問題が発生する。翌年一月七日、取材にあたっていたニューヨーク支局の記者が、報道規制を掻い潜って公邸内に入り、取材を始める。系列局からニューヨーク支局に派遣されていた記者で、約二時間ビデオ収録して出てきたところを捕まり、ビデオは即刻押収された。さらにあろう事か、彼は無線機を公邸内に置いてきていた。中の様子を取材する際に誰かと交信するためと思われるが、一歩間違えば取り返しのつかない事態に発展する。記者の胸中は、ある面理解できなくもないが、何を意図したものなのか。

「人権と報道」の問題はよく語られるが、人質の安全確保が第一だ。外務省をはじめ政府関係者は、極限状態の中、打開策を見出そうとしているところだった。

この事態の一報を受け、当時の伊藤邦男社長を筆頭に、報道局、編成局、広報局の幹部が招集され、緊急会議が開かれる。この会議には私も出席を命じられた。三時間おきに招集される会議での私の役目は議事録の作成だ。ペルーとの時差は十四時間あり、昼夜逆転だ。現地の状況、日本政府の動向把握等、一つの会議が終わっても、次の会議に向けて皆情報収集にあたる。

会議は一回一、二時間だが、皆寝る暇もない。私は会議が終わると、すぐ議事録の作成に取りかかる。ワープロは内密に部下を待機させお願いした。私が読み上げ、部下が打つ。私の能力ではとても間に合わない。毎回ギリギリに仕上げたが、一、二度間に合わないことも。極限状態ということで許しを得た。これが三日三晩続いた。私は徹夜だが、上層部は少しは仮眠をとれたと思う。当該局の報道は、常時現地と政府関係各所との状況把握に努め、こちらは当然の如く徹夜だった。

こうした状況の中、十三日に伊藤社長が会見を開き、陳謝する。その直後、外務省から押収された取材テープが返還される。一方で、外務省はテレビ朝日の公邸取材を批判し続け、現地において、一週間の取材拒否を断行する。また無線機問題はのちに政治問題に発展するが、この会議自体はいったん解散となる。

この一連の会議における伊藤社長のリーダーシップ、胆力には驚くものがあり、私も以降尊敬の念を抱いた。後年、「全米オープン」の立ち会いにごいっしょしたことがあった。たまにアークヒルズの会員制レストランでもご馳走していただいた。

この約一週間にわたる出来事によって疲れ果てたが、一方で社内の状況がよく摑めると同時に、役員の力量もわかり、少し自信が出てきた。

余談だが、ペルーには長男が二年間「ペルートヨタ」に在籍していたことがあり、後年、休暇で家族と訪れたことがある。マチュピチュの遺跡を見た時の感動は忘れ得ないが、ペルーの日本大使館にも行き、当時の思いが蘇り、その場に立ちつくした。

一九九六年には、もう一つ会社を揺るがす事態が発生した。詳細は省くが、ソフトバンク孫正義と、オーストラリア出身のメディア王ルパート・マードックが手を結び、テレビ朝日の大株主「旺文社メディア」の全株式を取得する。テレビ局は放送法や電波法により外資参入の規制があるが、彼らはメディア事業で提携することを目論んでいた。旺文社も後継者問題もあり、複雑な事情を抱えていた。孫・マードックは、そこに付け入る隙を見つけて買収まで至った。巨額な買収金であった。

社内では外資に乗っ取られるなど、いろいろ噂は絶えなかった。その後、朝日新聞社が、孫・マードック側から、全株式を取得し直して、一件落着したが、その金額は、前買収額をはるかに超えるものとなった。その買収額が正当なものであったのか。テレビ朝日が上場した際、また以降も株主総会において質問が絶えなかった。私も、経営戦略担当役員時代でも、繰り返し、繰り

ペルーの世界遺産クスコにて家族と

返し質問を受けたものである。

結果的に、朝日新聞社の持ち株が増えて、両社の関係がより鮮明になっていく。

さて、三年間にわたって編成部に在籍したが、日々勉強の連続であった。仕事量は半端なかったが、報道の使命、ドラマなどの番組作り、社内の人間模様に接することができ、多くのことを学んだ。

これまで、営業一筋の私は、社外の人間との付き合いがほとんどだったが、この経験は大きな財産となった。当時の神村編成局長は、私にどうしても経験させたかったのだろう。

そして、一九九八年、また古巣の営業局に異動を命じられる。

部長に昇進

一九九八（平成十）年、営業局ネット営業部に異動になる。新入社員時に配属された部署だ。

ネット営業部には三つの課があるが、そのうちの一つの課を任され、担当部長に昇進した。当時の部長は、あの前原晃昭、私の兄貴分だ。この人事では、同期四十四人のうち三人が部長に昇進した。一人は編成部長に、もう一人は営業局業務部長である。編成部長に就任した武田徹（のちに副社長、副会長）は営業局業務部からの異動だったので、当時の服部光雄局長が私を編成から営業に戻せということだったようだ。

私にとって、部長職はサラリーマン人生における一つの目標だった。結婚した当時、思わず口が滑って妻に約束をした。「なんとか部長までは頑張るよ！」と。正部長ではなかったが、家に帰るなり報告すると大変喜んでくれた。次の休日には、ワインで乾杯し、ステーキを食べたことを思い出す。そして、妻との約束を果たしたことに安堵し、これから残りの人生は、思いっきり真っすぐに頑張っていこうと決心した。

心を新たに古巣に戻って一つの課を預かることで、より多くのスポンサーと折衝する機会が増

前原晃昭（中央）と

えた。部下がおり、責任感ものしかかってきた。しかし、当時、視聴率は相変わらず、万年四位から脱却できずに苦闘の連続だった。

ただ編成での三年間の経験によっていろいろな面で成長できたようで、相手と折衝する上では大いに役に立った。これまでは、単なる番組のセールスで終わっていたが、社全体の話題を提供するなど、先方からも「少し変わったね」といわれるようになった。部下と共に外回りするのは、苦しい中でも、長年にわたって染みついた〝営業魂〟が蘇る心地がした。

一方で、この頃から持病の腰痛が徐々に酷くなっていく。四十二、三歳の頃からおかしいと感じて、大学病院の整形外科、整体、鍼治療など、あらゆる治療を試みたが、改善の兆しが見られない。脊柱管狭窄症とか椎間板ヘルニアとか腰痛すべり症とか病名は付くが、手術の必要はないという診断。昔の後遺症なのだろうが原因がわからない、やっかいな症状だ。もしかすると、「精神的なものなのか」と思い診てもらったが、異常はないとの診断だった。

人伝えに聞いた超常的なところにも足を運んだ。どんなに痛くとも毎朝六時前に起床し、徒歩往復三十分ほどかかる〝神社〟にもお参りし〝神〟頼みもした。余談だが、この神社で一人の大男と会ったことがある。その男は御百度参りをしていたと聞く。なんのためにやっていたのか教えてはくれなかったが、佐渡ヶ嶽部屋の親方（先代の関脇琴ノ若）だった。たしかに、その神社は私の家からと佐渡ヶ嶽部屋からの中間点に位置していた。

こうした治療、非科学的なことにも挑戦したが、何も変わらなかった。私は、一人勝手に「悪魔」と考えていたが、以後長年にわたってこの「悪魔」と同居していくことになる。

営業は他局ほど派手ではないものの接待が多く、上に行けば行くほど多くなり、ほぼ毎日だ。週末はゴルフ接待が入る。私はゴルフから帰宅すると動けない状態だった。あの時代はよき時代だったのか悪しき時代だったのか、人それぞれだろうが、いろいろな意味で決してよき時代ではなかったように思う。お互い接待漬けはよくないし、自分を磨く時間を持たねばと思う今日この頃だが、あの時代はそれが普通だったのだから致し方なかった。

二十四時間三百六十五日の激務

そして、あっという間に一年が過ぎた時、命が下る。四十七歳の時だ。ネット営業部長を拝命した。当時のテレビ朝日の収入は、営業収入が全体の九割を超える時代で、なかでもネット営業部は営業収入の約六割を占める部署だ。この収入を二十人の部隊で稼ぐのだ。

部の要であるデスクには、前原部長時代から引き続き岡田一成にお願いした。デスクの役目は、さしずめ幹事長といったところか。岡田は、スポーツ局で、長らく「ワールドプロレスリング」のプロデューサーを務めていたが、その後営業に異動になった。風貌はプロレス風（？）だが几帳面な性格できめ細かく、広告代理店との関係もすこぶる良好だった。岡田は私より二つ年上だが、私をよく守り立ててくれた。毎日、彼とのリレーションシップは欠かすことなく一枚岩で通した。

私の責任は大変重く、先頭に立って引っ張っていくことになる。ただ私には、これまで多くのスポンサーとの取引経験があり、広告代理店とも多岐にわたって深い関係を築いてきた自負があった。それもあって、各方面から温かく迎えられたようだ。当時、四十七歳での部長就任は若い方だったが、仕事にはまったく支障がなかった。視聴率的には四位の定位置（？）から脱却できなかったが、優秀な若手も登用し、前へ前へ向かって仕事に没頭した。まるで明大ラグビーのようだ。

現在の営業はデータ主義で、視聴率とくに個人視聴率が重視される時代だが、当時は、まだまだスポンサーや広告代理店との付き合いの深さが加味された時代だ。私も営業時代、いったいいくつの会社の人間に会っただろうか。何人のスポンサーの人、何人の代理店の人と会ったかわからないが、おそらく何千、いや何万人かも知れない。

とくに、ネット営業部長の立場だとなかなか休みが取れない。例えば、ゴルフトーナメントがあれば、最終日（日曜日）には冠スポンサーに必ず挨拶にいく。他のイベントも然りである。丸一日潰れる。空いている週末は接待ゴルフなどが入る。平日の夜も会食が入る。夏季休暇や年末年始休暇以外は代休を取るわけにもいかないので、まともに休んだことはないだろう。まさに体力勝負。これは歴代ネット営業部長の宿命だ。テレビ局は、ほぼ二十四時間、三百六十五日休みのない職業ではあるが。

こうして、部員の弛まぬ努力もあり、徐々に軍団としての力が付いてくる。部員と共に数多の仕事をしたが、忘れられないものがある。

二〇〇〇年に、味の素の一社提供番組を、ゴールデンタイム（五十四分番組）に編成することができた。博報堂とタッグを組んで作業に着手したが、困難を極めた。しかし、成立し得ないケース、味の素・博報堂と大きなトラブルに発展すること間違いないと予想し、社内のしかるべき人間を説得してようやく番組がスタートすることになった。編成時代に培ったものが役に立ったのかとも思う。

この企画は博報堂の好木《よしき》俊治（故人）とタッグを組んで、関口宏を司会に据え、「本」をテーマにした内容だった。好木は業界でも遣り手として評判の人物で、サーカス・エンターテインメント「シルク・ドゥ・ソレイユ」を日本に招聘した男だ。彼が大分舞鶴高でラグビーをやっていた関係で、私の一つ年下だったが、大変懇意にしていた。彼とは、野球のイベントなど多くの仕事をいっしょにしてきた。

しかし、この企画は思うような視聴率が獲れず、一年後には番組終了となる。なかなか仕事は思うようにはいかないことを痛感した。好木とはその後も全米オープンゴルフなどに出張を共にしていたが、病気がちになり、五十代半ばで逝去した。

同年にもう一つ、トヨタの一社提供番組を立ち上げた。全局競合する中、当社の企画が認められて成立する。トヨタ側からは、アクティブシニア向けの番組を、とテーマが掲げられていた。

当社の企画内容はテーマに非常にマッチし、自信の持てる内容だったが、当日のプレゼンテーションでは、プロデューサーの説明がイマイチで、担当の塚崎修治（現広島ホームテレビ専務）共々、冷や汗をかいた。その様子を見ていたトヨタの宣伝部長は、「企画も面白いが、神山さんのイラ立った顔を見ている方が楽しかった」とプレゼン後に笑いながら語りかけてくれた。

後日結果が言い渡され、私たちの企画が認められた。他局を破っての快挙だ。この番組、「人生の楽園」は現在も続いており、毎週楽しみに見ている（現在はトヨタの一社提供ではない）。

東証一部上場

テレビ朝日は二〇〇〇年に東証一部に上場した。上場は、世の中から信頼される会社となるとよくいわれるが、一方では資金集めの部分がある。

テレビ局の財産は「人」であり、まさに「人」がよい番組を作って、それを多くの「人」に見てもらって、それを「人」が売るのだ。上場すると、常に業績第一となり、株主の意向も尊重せざるを得ないなど、型にはまりやすく、自由に動けない面も出てくる。テレビ局は、もっと自由闊達な風土の中、新しい発想を生かし、伸び伸びとやっていけば、と私などは勝手に思ってしまう。広告代理店なども然りである。

その前年の一九九九年、社長が伊藤邦男から広瀬道貞にバトンタッチされた。広瀬もまた朝日新聞社からの転身だ。広瀬は、江戸時代の高名な儒学者広瀬淡窓の子孫である。淡窓は大分県日田に、「咸宜園《かんぎえん》」を創立し、吉田松陰の「松下村塾」と並び称されたと聞く。

広瀬の父は元郵政大臣、兄は元富士紡績の社長、弟は元大分県知事であり、超名門の血筋だ。

前年までの伊藤社長は、在任中、「椿《つばき》元報道局長の偏向報道」、前述の「孫・マードックによる買収騒動」「ペルー人質事件」など、大きな事件や騒動に巻き込まれたが毅然と対処し、六年間を全うした。

広瀬は社長就任前から、テレビ朝日の大改革を目論んでいた。何よりも、社員が万年四位の座に胡座をかいており、負け犬根性が染みついている現実をしっかり見てきた。それを払拭するためには「社員の意識を変える」、そして「視聴率で万年四位から脱出する」ことを念頭に改革の緒につく。

まず広瀬社長は、社内のとくに若手を中心とした英知を結集し、二〇〇二年に「全社変革推進運動」プロジェクトをスタートさせた。

このスタートに合わせ、前年に「世界水泳選手権福岡大会」を放送した。テレビ朝日は、これまで「世界」を冠したスポーツイベントを放送してこなかったが、電通からオファーがあった。当時の電通で、テレビ朝日担当部（テレビ四部）の部長は柳舘毅だった。柳舘は早大水泳部の出身で、現役時はアジアでは短距離種目において無敵の選手であり、「一九七六モントリオールオリンピック」にも出場した男だった。私の後輩でもあり、彼が電通内部を調整して、当社に持ち込んでくれた。当時の水泳人気はさほどでもなく、他局も容認したのだろうが、柳舘の〝男気〟を改めて感じた。

大会日に向けて、全社挙げて電通と一体になって盛り上げていく。この全社挙げての一体感は初めてのことだった。その結果、視聴率面、営業面において大成功を収められた。とくに営業面では、当初見込みから三倍に膨れ上がった。嬉しい悲鳴だ。私も先頭に立ち、塚崎など部員と電通が一体となってスポンサー獲得に動いた。塚崎は中央大水泳部出身で、柳舘とは同年代のスター。一五〇〇メートル自由型の日本記録は、長年破られなかったようだ。

大成功裏に終えたが、その一翼を担えたことで、さらに大きな自信を摑んだ。

日本水泳連盟も想像以上の結果に驚き、テレビ朝日と強固な関係を築いていく。世界水泳連盟との関係も然りで、私ものちのバルセロナ大会、ローマ大会などにも出張し、現場で世界水連の会長や日本水連の古橋廣之進会長などと会食を重ねた。思い返せば、古橋会長とは、ローマでいっしょに食事した翌日、私は帰国したが、会長はローマで倒れ帰らぬ人となった。私は訃報に接し、思わず絶句した。

大幅な若返り人事を断行

二〇〇一年、私はネット営業部長から営業局長へ昇進する。四十九歳だった。思ってもみなかった人事だ。広瀬は、「全社変革」を成功に導くためには、「若手の力が必要不可欠である」という思いが強かったのだろう。いつまでも年功序列ではなく、能力ある者を使っていくことが、万年四位から脱却する最善の方法と強く思ったようだ。実行していくには障害も大きいが、その辺の胆力は並はずれたものがあるのだろう。

その象徴として、私に白羽の矢が立ったのだろうか？　当時、四十九歳での局長は例がなく大抜擢だ。広瀬や改革プロジェクトのメンバーは、あらゆる部門を精査し、スポンサー、広告代理店などの考えも調査したのだろう。当時の河合営業局長からその話を聞いた際は心底驚き、「勘弁してください」と答えるのがやっとだった。

一晩考えて河合に進言した。

「私を局長に据えるのなら、営業の各部長も若返りさせてください。これが引き受ける条件です」

河合に向かって、しかも大抜擢の人事で条件をつけるとは、言語道断だが、私は思ったらもう止まらない性格だ。営業は経験豊富な人間が必要不可欠だが、ベテランほどアグレッシブさに欠けるキライがあり、これでは発展性がないことは薄々感じていた。社の変革を望むのであれば、外に向けても、営業局から率先して発信していくことが大事であると思った。

とくに、スポンサーや広告代理店は敏感だ。その思いを河合に訴えた。河合は一瞬怪訝な顔をしたが、「具体的にいえ」と。私は即座に、「ネット営業部長塚崎修治、スポット部長土屋英樹、ローカル部長天野尚彦、業務部長壱岐正」と答えた。この四人は、当時四十一、二歳。私は四十七歳で正部長だったから、大幅な若返り人事だ。河合はいつも沈着冷静で多方面に精通しているが、さすがに驚いたようだ。結果的に、河合は私の思いを理解してくれて、さっそく人事局、そして広瀬の許にも報告に行ってくれた。

人事異動発令でこの人事が発表されるや、営業局は無論、各セクションから驚きの声が上がった。スポンサー、広告代理店からは、概ね好意を持って迎えられた。この新しい体制での第一歩が、先述の世界水泳だった。事情が事情なだけに、世界水泳は絶対に失敗が許されず、死にもの狂いで頑張った。結果は前述のとおりだ。

四人の部長は期待どおりの活躍を見せてくれた。他局の同年代の人たちからも相当羨ましがられたようだ。

それと同時に、私は先輩たちの処遇も考えていかねばならない。一人でも多く、よいセクションに異動できるよう、人事局と掛け合った。五年かけて行き先を決め、営業局を一新した。先輩たちからはほとんど妬みもなく、長年の営業の労に、少しでも報いることができたようだ。

河合も、取締役営業担当として、私たちをよく指導してくれた。後ろ盾としてデンと構えてくれていることは、本当に心強かった。二年後、河合は常務取締役に昇進して人事・総務担当となり、後年、静岡朝日テレビ社長に就任した。

時系列の点で私の記憶と事実に少し隔たりがあるかも知れないが、加齢に免じて容赦願いたい。

全社変革推進運動を牽引

こうした序章があり、「全社変革推進運動」がスタートする。詳細は省くが、骨子は、①コンテンツ（番組）力の向上を最優先する、②広告収入の拡大、③広告外収入の選択と集中、④グループ会社・系列局全体の集中、の四つである。何より、①と②を実現することであり、それが実現できれば必然的に③と④に結びつくのだ。

①を実現するには制作体制の強化を図り、まず何が何でも視聴率を上げる。そして②の広告収入増に結びつける。単純なことだが、テレビ朝日ではこれまで各セクションの思惑が交錯し、頭ではわかっていながらも実現できていなかった。

例えば、営業は、スポンサーや広告代理店のみを大事にするキライがあり、強引な手法で持ち込み企画を実現してはみたものの、それが視聴率に結びつかない。実際に私も営業収入を上げるため、同様のことを何度もやってきた。だが視聴率が獲れなければ、とくにスポット営業の売上が減っていく。双方ジレンマを抱えていたのだ。営業局内でも、タイムの売上が増えても、スポットで減れば全体としては変化なしで、負のスパイラルに陥っていたようだ。

ある日、私は広瀬に呼ばれ、直々に「これから視聴率アップに全勢力を注ぐ」「営業はこれまでのしがらみを捨てろ」といわれて大きく戸惑った。「それでは営業収入は落ち込みますよ」と答えると、「それでも構わない。視聴率が上がるまで辛抱せよ」と命ぜられた。また、「これからは、営業収入が上がらない場合、営業の責任だけを問うようなことはしない。経営陣の責任である」と広瀬が役員会で話をされたことを河合から聞き、私も腹を括る。それにしても、広瀬の胆力には驚くばかりだった。

営業局では、毎週月曜日朝、幹部会がある。部長以上が出席する会だが、新体制になった最初の会議で、私は冒頭少し話をした。

「この新しい体制での失敗は許されない」「全社変革が成果を出すことを信じ、成功するまで我慢の時である」などと話をしたことを思い出す。

とくに、四部長には厳しく指導をした。私は怒ると口もきかないので、部長たちは困ったようだ。だが、週末金曜日になると、笑顔を見せ、「家庭を大事にしろよ！」など声を掛け、「アメ」と「ムチ」を使い分けていたようだ。

二〇〇二年は、サッカー「ＦＩＦＡワールドカップ」が日韓共同で開催された年で、日本は初めて予選を突破し、決勝トーナメントに進んだ大会だ。テレビ朝日は「日本対チュニジア戦」を放送し、視聴率は45・5パーセントを記録したが、フジテレビが放送した「日本対ロシア戦」は66・1パーセントという驚異的な視聴率をたたき出した。今では考えられない数字だ。

私はちょうどこの頃、「全米オープンゴルフ」の立ち会いで出張していた。「日本対チュニジア戦」は、アメリカの西海岸ペブルビーチのホテルでテレビ観戦した。「全米オープン」は博報堂の買い切り物件なので、吉川和良（元博報堂常務取締役）らと深夜のコテージでの観戦となった。吉川は業界を代表する人物の一人で、私は兄のように慕っており、今でもたびたびお目にかかって、酒席を共にする。吉川の父は、昔、角界の重鎮であり解説でもお馴染みの大山親方（元関脇高登）だ。私は不思議と相撲に縁を感じる。私たち夫婦は、何度か葉山の吉川宅にお邪魔をして、手料理をご馳走になった。夕刻、お宅から眺める富士山は絶景である。

スピード出世に悲鳴を上げる体

さて、「全社変革」は、第一期を二〇〇二～二〇〇五年と定め、目標に向けて進んでいった。二〇〇三年には、目標だった六本木に新社屋が完成し、移転というか古巣に戻った。同時に社名も、「全国朝日放送」から使い慣れている「株式会社テレビ朝日」に統一、変更となった。

六本木の新社屋は約三千坪、高さ制限で八階建てまでしか許容されなかったようだ。移転前は一万坪所有していた土地が大幅に縮小され、隣には五十四階建て、高さ二三八メートルの巨大な森タワーがそびえる。「庇を貸して、母屋をとられる」とはこのことだが、新本館建設事業に関わっていた人たちのことをどうのこうのいっても、もはや元に戻らない。当時、陣頭指揮を執っていた田代社長の、苦虫を嚙み潰したような顔だけ思い出した。

とにかく、新しい情報発信基地の中心として全社一丸となって頑張っていかなければならない。

この年、地上デジタル放送が開始する。テレビ局にとっても、カラー化した時代に次ぐ大きな転換期となる。さらに二〇一一年には完全デジタル化となり、テレビ朝日はこれまでのアナログチャンネル「10」から、「5」チャンネルに変更となった。「5」だと、新聞のテレビ欄ではほぼ真ん中に表記されることになり、イメージが大きく変わっていく。

当時の斎田専務（前出）が、デジタルの担当を担っており、各局との調整において大きな力を発揮してくれたことは、のちの躍進に多大な貢献をしてくれた。このことは特筆すべきことだ。

そして、この移転に合わせるかのように、視聴率が上向いていくのだ。二〇〇五年、年間視聴率では、プライム帯（十九〜二十三時）において平均13・2パーセントと健闘し、首位フジテレビの14・3パーセントに次いで二位に躍進する。当然ながら、視聴率に比例して営業収入も大きく伸びていく。また、番組力を活かした広告外収入も増え、系列局が皆元気になっていく。

まさに絵図どおりの結果に、社内そして系列局は、活気に満ち溢れていく。

この時期、私は局長就任後、五十一歳で取締役に昇進し、営業局長を兼務する。あまりのスピード出世に、頭も体も追いつかない状況だった。持病がどんどん悪化し、夜も眠れない状態だったが、痛み止めを常備し、少しの暇を見つけては治療に通った。だが、そのまま帰宅するわけにもいかず、すぐ仕事に戻ると、効き目はまったくなかった。

仕事量は半端なく増え、とくに海外出張は辛かった。

レギュラー番組強化は無論だが、大きなスポーツ物件にもテレビ朝日は触手を伸ばしていた。膨大なる放送権料は発生するが、万年四位から脱却していくためには、起爆剤がほしい。この積極姿勢が功を奏し、他局も脅威に感じはじめていたようだ。物件には、長年にわたり放送権を取得している「全英」「全米」の両オープンゴルフ、「世界水泳」に加えサッカーにも力を注ぎ、アジアサッカー連盟（ＡＦＣ）が主催する試合のすべての権利を取得する。こうして、ＦＩＦＡワールドカップ、オリンピックのアジア予選はテレビ朝日の独占となった。先述のように、サッカーの視聴率は、好視聴率をマークし、大きな収入増にもつながっていく。

大変ありがたい話だが、このスポーツイベントにより、私は諸外国に出張が多くなる。また当然のように、国内イベントの立ち会いは延々と続いていく。しかし、立場上休むわけにはいかない。

一方で、「全社変革」は、二期目（二〇〇六〜二〇〇九年）に近づくと、視聴率の伸びに陰りが見えはじめる。しかし、営業的にはスポットが好調を維持し、二〇〇七、二〇〇八年度（ほぼ同数字）と、営業局全体の新記録を達成する。この数字は、後年、一億ほど破られるが（無理に数字を作ったと聞く）、当時の営業局全員誇りに思っている。現在、テレビ局の置かれた環境を考えると、将来も破られることはないだろう。

厳しい時代に経営戦略を担う

この勢いに水を差す状況が発生する。「リーマンショック」だ。アメリカの投資銀行の大手リーマン・ブラザーズが、サブプライム住宅ローンの危機をキッカケに、二〇〇八年九月、経営破綻に陥った。そこから、連鎖的に世界金融危機が発生していく。一九二九年に起きた世界同時恐慌以来の世界的な大不況に発展した。

この経済不況により、スポンサーは、宣伝広告費の縮小を余儀なくされ、それによってテレビ局も苦境を強いられる。あわせて、前述のように、視聴率の鈍化により、二〇〇九年度から、営業売上が前年を下回っていく。経営的には、上場会社であるがゆえに増収増益が至上命題でもあるが、営業収益が伸びなければ、当然支出に影響を及ぼす。支出に直結することは、まず制作費の削減だ。すると、番組力が低下するため、営業的にはますます苦しい状況になる。まさに「負のスパイラル」であった。

私も営業の責任者として、当然ながら危機感を抱いていたが、二〇〇八年、担当部署の変更を命ぜられた。常務取締役・経営戦略室長であった。経営戦略室は経営陣と直結する部署で、広瀬道貞社長就任時に社長室の一環として発足した。初代社長室長は神村謙二（前出）だが、後に従来の社長室は秘書部として独立し、社長室は発展解消して、新たに経営戦略室となったのだ。

経営戦略室は一般企業と同様に、経営に資する情報収集、中長期計画の作成、年二回の決算発表、海外を含む株主や投資家に対するＩＲ（インベスター・リレーションズ）活動、社長との密接なリレーションなど多岐にわたる。ＩＲでは、国内は無論だが、アメリカ、イギリスなど海外株主や海外投資家に対し、社長といっしょに、毎年約一週間かけて、一日に五、六社訪問して説明をする。時には、イギリスを終えてアメリカに渡り、ワシントンＤＣ、ニューヨークの投資家に説明するなど、かなりのハードスケジュールだった。経営戦略室に名称を変えての初代室長は、風間建治（故人）であり、室員は十人ほどだった。風間は経理・ネットワーク（系列局）、営業などを経験した豊富な知識を持った先輩だ。余談だが、風間は新潟出身で、大学時代は目白で田中角栄元総理の書生をしていたという。政治家的雰囲気を持っているが、反面人懐っこい笑顔で接してくるので、信頼が厚い。私より五歳上だが、本当に可愛がられた。酒（日本酒）を愛し、よく ご馳走になったものである。

その風間と私のバーター異動だった。風間が営業担当となり、私が経営戦略室の担当だ。風間は、その後専務取締役に昇進したのち、ＢＳ朝日の社長に就任した。

この人事と同時期に、広瀬社長が会長となり、社長に君和田正夫が就任する。君和田は、朝日新聞社時代は経済のエキスパートであり、電波担当も務めていた。

私は、この人事については「まさか俺が？」というのが第一声であり、大きな戸惑いを感じた。リーマンショック後で、営業的にも厳しいし視聴率も思うように伸びない中で経営の舵取りを任される。また、正直いって、経営戦略の基本もよくわかっていなかった。

大きな不安を抱えて、新たな一歩を踏み出す。ただ驚いたことに、部下は若手が多く、しかも大変優秀な人材が集まっていた。少々頭デッカチのところはあるものの、いつでも忌憚のない意見をぶつけ合い、活気に満ちていた。自分たちの将来を考えると、「このままでは決してよくない」と強く思い、改革精神に溢れていたようだ。

私も入社以来といっていいほど、勉強をした。それまで私は通勤時にカバンを持つことはなかったが、この時を機にカバンを買い、書類を入れ勉強した。夜の会食も、営業時代に比べると大幅に減り、自宅でもよく書類を読み込んだ。人間は変わるものだ。

部下は、私の人となりをよく知らなかったようだが、私の姿を見て、「この人は信用できる人だ」と思ったようだ。

時が経つにつれ、部署のあるべき姿、やるべきことが少しずつわかってきた。ただ、経営状況はなかなかよくならなかった。

私は君和田から〝命〟を受けていたので、部内で議論に議論を重ね、新しい「中期経営計画」の作成に着手する。骨子の詳細は省略するが、「全社変革推進運動」のバージョンアップが基本だ。ただ、計画に盛り込んだものは、「必ずやり遂げる」といった強い意味を込めて、「改革断行宣言」と命名した。君和田の了承を取りつけ、全社員に発信していった。

大変厳しい時代だったので、必ずしも満足のいく結果ではなかったものの、「全社変革」に続いての第二弾の発信ということで、社内外問わず、テレビ朝日の本気度を感じとってくれたようだ。

負け犬根性からはすっかり脱却し、常にトップを目指す集団になり得たのは、この二つの改革が原点であった。その最中には、開局五十周年を迎えることができた。

スポーツ放送の権利交渉に携わる

そして二〇〇九年に、念願のテレビ朝日初のプロパー社長が誕生する。早河洋である。新聞社出身の広瀬・君和田両社長が、テレビ局の経営に資するものをよく理解され、テレビ朝日の将来絵図を明確に示して大きな土台を築いてくれたことは、最大の功績だった。そして「新生テレビ朝日」を、プロパーの早河に託したのだ。

私も、感動したことをよく覚えている。

広瀬は、のちに日本民間放送連盟（民放連）の会長に就任し、デジタル放送普及をはじめ、多くの懸案事項を解決していった。

君和田はテレビ朝日会長に就任し、早河の後ろ盾として、陰日向なく支えたようだ。

私は、経営戦略室長（のちに局長）に藤ノ木正哉を据え、またスポーツ局から畠山大を異動させ、さらに経営戦略室の充実を図った。藤ノ木はのちに専務取締役を務め、現在は東日本放送（ＫＨＢ）の社長、畠山は岩手朝日テレビ（ＩＡＴ）の社長である。

私も、経営戦略担当役員として充実した日々を送る。重ね重ね、優秀な部下（若手）に支えられたものだが、彼らとも仕事を終えるとよく飲んだ。多くのことを語り合い議論をしたことは、終生忘れることはない。彼らは、現在社の中枢で活躍しているので、実名は避けるが、某君などは、四十代前半の若さで取締役に大抜擢されている。早大理工学部の出身で、これまで文系が多かった社員の中では異色ではあるが、隔世の感がある。これからのテレビ局を暗示するような人事だ。

余談だが、彼らとは「ドジョウの会」を作った。私は、ドジョウが大好きで、よく彼らを誘って、浅草や両国などに食べにいった。彼らは、私が退任後もこの会を継続してくれており、年一回、〝同窓会〟を浅草「飯田屋」で開いてくれる。まさに至福の時だ。後輩のありがたみに感じ入り、同時に彼らのますますの活躍を祈っている。私は、元「ドジョウ宰相」の野田佳彦が好きである。

さて、私は経営戦略の担当常務だったが、加えてスポーツ局の担当も命ぜられる。前述のように、スポーツ局は私の入社時の希望だったが、この立場でスポーツに関わることになるとは、不思議な縁を感じた。

テレビ朝日のスポーツ物件は、前述のとおり非常に多い。野球、サッカー、全英・全米オープンゴルフ、世界水泳、世界フィギュアなどの大型物件をはじめ、ゴルフの国内ツアーなど多岐にわたり、視聴率面、営業面でも大きな貢献をしている。また、オリンピックではＪＣ方式は採ってはいるものの、期間中には、多くの人員が割かれる。スポーツ局の部屋はいつもガランとした雰囲気で、まさに独立独歩の感じである。

私の立場は、中継など実務的な仕事に携わることではなく、大型物件の権利交渉が主だ。とくに、アジアサッカー連盟（ＡＦＣ）の主催物件、全英・全米オープンなどは巨額の放送権料が発生する。経営に直結するので、最終的には、役員会マターになるものが多い。

私は約五年にわたってスポーツ局を担当したが、この権利交渉は、これまで経験してきたことと違い、複雑怪奇な部分があり、神経をすり減らした。電通、博報堂などの広告代理店も絡み、海千山千の人たちと渡り合うことは大いに勉強になった。先般、東京オリンピックを舞台に発生した談合事件、そして賄賂に関わっていたと思われる事件に登場してくる人物とは、何度も会って権利交渉をしてきた。無論、オリンピックとは一切関係ないが。それを思うと、残念でならない。

海外での交渉も多く、そのつど出張することになる。放送する大会が開催される時には、立ち会いのために出張する。オリンピックも然り。全英では全英ゴルフ協会（Ｒ＆Ａ）、全米では全米ゴルフ協会（ＵＳＧＡ）とのミーティングと会食があり、出張せざるを得ない。サッカーの

「ＦＩＦＡワールドカップ」「アジアカップ決勝」「世界水泳」「世界フィギュア」もまた然りである。またそのつど、制作現場、そして解説陣や出演者を慰労することも余儀なくされる。

一つ思い出を語れば、全米オープンの契約更改にフロリダに行ったときのことだ。ＵＳＧＡの責任者との交渉だ。新たな五年契約に向けての交渉だったが、先方は当然値上げを主張してくるが、当方は厳しい環境なので値下げを主張し、厳しい戦いとなった。同行者は、スポーツ局長と通訳兼務の部員であった（この女性部員はバイリンガルである）。

交渉はゴルフ場併設のホテルで行われたが、交渉は難航を極め、毎日午前と午後数時間ずつ交渉し、都合三日間に及んだ。結果は、当方の粘り勝ちで、意向がとおり成功したが、三日間ホテルに缶詰め状態で、疲労困憊だった。ＵＳＧＡは早く契約を済ませてゴルフでもと思っていたようだが、私たちは日程的にも難しく、ゴルフどころではなかった。

ただ、ＵＳＧＡの責任者は、最終日の夜、ご夫妻で私たちをディナーに招待して労ってくれた。怒り心頭かと思っていたが、礼節を重んじる紳士であり、心から頭が上がらなかった。あの時、飲んだワインの味が忘れられない。

翌日、帰国の途に就いたが、経由地のシカゴで一泊することになっていた。私は「契約がこちらの意向どおりにまとまれば、シカゴでステーキをご馳走する」と二人に約束していたので、一晩だけ楽しませてもらった。シカゴにはステーキの有名店が数多くあり、その中でも超一級の店を、部員が調べて予約してくれた。今でもあのステーキの味は忘れられない。部員は、フロリダの空港内で、まったく知らない人に話しかけ、その人物がシカゴ在住で有名なステーキ店を教えてくれたそうで、それなりの人物だったようだ。スポーツ担当の仕事は数多あったが、どれも印象に残るものであった。

こうして、私の身体はパンク寸前の状態になっていく。株主総会の時など、腰が酷くなり、座っていられない状態になった。肘掛け椅子でないと、横に倒れそうになる。万一のことを考え、私だけ特別に肘掛け椅子を用意してもらい、もしもに備えた。

一方で、私の胸中とは関係なく、社内での、私への期待感がますます膨んでいったようだ。

専務取締役としてナンバースリーに

二〇一〇年、専務取締役を拝命する。君和田会長、早河社長に次ぐナンバースリーだ。担当はスポーツ局に加え、新たに編成制作局だ。編成制作局は編成と制作局が合体し、ゴールデン帯の時間の番組を制作する大所帯である。制作局は、ドラマ部門、バラエティー部門などの制作を担うテレビ局で最も影響があるセクションだ。営業からすれば、この番組の視聴率が明暗を分けるのはいうまでもない。

編成は社の心臓部であり、今回の「編成制作局の担当をやれ!」ということは、なんの狙いがあってのことだろう。私は、これまで報道局、制作局の経験はまったくない。要するにもの作りをやったことがない。

おそらく、テレビ局を志望する人の大半は、「ドラマを作りたい」「報道記者になりたい」「スポーツ中継をやりたい」などだろう。私も同じ気持ちだった。

無論、私にいまさら制作現場をやれということではないが、「もの作りに関する、ありとあらゆるものを勉強せよ」ということなのか。正直な話、「無理です」と申し出たいところだが、そういうわけにもいかない。

就任時、編成制作局の部長以上を集めて、一言申し上げた。「私は、もの作りはわからないので君たちに任せる。決裁に際しては、部長が五〇パーセント、局長は四〇パーセント決裁してくれ。残り一〇パーセントは私が責任を持つ。それは、社にとって重大な案件だ」と述べた。当時、局長独裁(?)の時代だったので、部長に権限を持たせる意味が半分あったわけだが、正直に話をした。理解されたかどうか、今でもわからない。

とはいえ、立場上、デンと構えているわけにはいかない。さっそく大手芸能プロダクションに挨拶にうかがう。バーニングプロ、ジャニーズ事務所、吉本興業、田辺エージェンシー、アミューズ、ホリプロ、オスカープロ、ケイダッシュ……業界の名だたる社に赴き、いろいろ話をさせていただいた。先方は私の履歴を把握しており、もの作りの経験がないことは重々承知の上で、温かく迎えてくれた。少しホッとしたが、営業とは如実に雰囲気が違うことを、改めて感じたことはいうまでもない。

以降、各社の社長をはじめ、多くの人と酒席、ゴルフを共にし、親交を深めさせてもらった。

さらなる改革を断行

さて、二〇〇九（平成二十一）年に早河社長体制がスタートしたが、リーマンショックによる不況は続いていた。この不況に合わせるかのように、各企業で広告費自体の低減傾向が叫ばれるようになり、営業収入が低下していく。

早河は、この状況を受けて、すぐに第二の「改革断行」を立ち上げる。広告収入だけに頼らない、いわゆる放送外収入、コンテンツビジネスの拡大にも力を注いでいくことを発表する。早河は私と正反対で、もの作りの一種の天才だ。「ニュースステーション」の立ち上げに関わったことは前述したが、ドラマにも造詣が深く、業界でも指折りのテレビマンである。政治家的風貌で強面でもあるが、情に厚く、いわゆる親分肌だ。

私はこれまで歩んできた環境が早河とはほぼ真逆だったので、彼の胸の内はなかなか読めないところでもあった。

本来、企業（メーカー）は、「よい物を作って、それを少しでも高く売る」のが基本であり、お互いにリスペクトしなければならないと、私は常々思っていた。

だが現実は、視聴率を獲っても、その時の市況の関係で売れないケースもある。一方で、視聴率が悪いと、営業は文句ばかりいう。編成制作は「こんなに好視聴率なのに、営業は何をやっているんだ」と面と向かってはいわないものの、腹の内は本音だと思う。当時のテレビ局での、編成制作と営業の関係はそんなものだったのだろう。

しかし、この未曽有の大不況を機に、テレビ朝日は意識改革をしなければならない。二〇一一年には、完全デジタル化に移行するグッドタイミングでもあった。早河はその辺の状況を敏感に読み取り、「改革断行」の第二弾に踏み出した。第一次の「改革断行」は、私たちが考案したが、引き続きこの名を付けてくれたことは、素直に嬉しかった。

早河は、さっそく、全社員との対話集会を設定し、社員の志気を高めていった。その実行力は、社内の一体感を生み出し、私も立場上全面的にサポートしていった。

この二〇一一年には、ご承知のように、日本を震撼させる大地震が発生する。三月十一日十四時四十六分に東北地方・太平洋沖で発生したこの大地震は、マグニチュード９・０と想像を絶するものであった。死者と行方不明者は、合わせて一万八千人を超え、阪神・淡路大震災の被害者の約三倍に達するものとなった。

発生時、私は社屋八階の部屋にいたが、あまりの揺れに、机の下にもぐり込んだ。これはただごとではないと感じたが、しばらくは動くことさえできずにいた。

テレビ局は、大地震の際、全国で震度六弱、関東地区は震度五弱でマスターカットの義務が課せられている。番組・ＣＭ問わず、できるだけ速やかに地震情報を発信しなければならない。とくに私は編成の担当なので、状況を確認したところ、編成・報道は事態の大きさに、すでに臨戦態勢に入ったようだ。

初期の映像は、地元系列局である東日本放送（ＫＨＢ）、岩手朝日テレビ（ＩＡＴ）、福島放送（ＫＦＢ）、青森朝日放送（ＡＢＡ）から送られてきた。報道現場は大混乱状態なので、私は事態の推移をモニターで見守った。時が経つにつれ、悲惨な状況が浮き彫りになっていく。津波と火災そして、福島第一原子力発電所の事故である。

津波の凄さは想像を絶し、ただただ目を覆うばかりだった。さらに原発の事故は、これまで経験したことがない、まさに日本が滅亡の危機に直面した事故であった。私は営業局長時代に、東京電力の案内で、柏崎刈羽原子力発電所を見学したことがある。防護服を身に着け、案内・説明を受けたことがあるので、その時の光景が頭をよぎり、メルトダウンの何たるかは多少は理解しており、これはえらいことになると思わずにはいられなかった。国民もこの推移を見守り、祈るしかなかっただろう。

その後の状況は、福島原発に所属する人たちの懸命なる努力によって、国民の命が守られたことは忘れることはないだろう。吉田昌郎所長（故人）の卓越したリーダーシップにはただただ感嘆するばかりで、それ以上の言葉はない。それに比べて、東京電力本社の社長、会長の態度は疑問ばかり残った。二人とは、何度かゴルフを共にした仲であったが……。

さて、この状況を把握した私は、編成局長・部長に対し、全面的に番組を休止し、もちろんCMも入れない判断をし、完全なる報道番組に切り替えた。何日間続いたか、もう記憶にないが、報道現場では徹夜続き、疲弊し切っていた。ただ、被災者のことを思えば、口に出すことも憚られた。

この事態が発生した時、社長は大阪に出張の予定が入っており、東海道新幹線品川駅の車内で遭遇したようだ。会長も所用で横浜に外出しており、連絡がまったくつかず、私は本部長（本来は社長）代理として、「非常事態本部」を設置し、指揮を執った。

報道局、編成部の幹部には、「報道取材に関しては安全第一を守り、最大級の努力をしてくれ、これは長丁場になる。また、一般番組・ＣＭのことは指示があるまで、考えなくてよい」などを告げ、推移を見守る。

その後、社長と連絡が取れ、帰社して本部長に就いてもらった。

私は三日三晩、社内の部屋に泊まり込んだが、一時、自宅に帰り、着替えを済ませてすぐ社に戻った。

この３・11を、これ以上ふり返ることは遠慮するが、テレビ局において、あれだけの番組とＣＭを、長期間にわたって飛ばしたことは前代未聞であった。とくに、ＣＭを飛ばしたのがテレビ朝日が他局より早かったことは、「報道のテレビ朝日」の面目躍如か。専務として、まさかこのような事態を経験するとは、夢にも思わなかった。

犠牲者の方々には、改めて心よりご冥福をお祈りする。

退き際

この大惨事がある程度収束に向かっている頃、私の身体は限界を感じとり、いつ身を退くかを考えるようになる。

某日、社長・会長を飛び越えて、広瀬相談役の許を訪ねた。広瀬は、前述のとおり、私が抜擢された際の社長だ。広瀬に、自分の進退を正直に話した。当初、広瀬は、上下関係が悪いのかと思ったそうだが、「それは関係ありません」と答えた。ただ、社内では、早河と私の関係があまりよくないなどと囁かれ、私自身にも入ってきていた。

「どうしても納得できないことは納得できない」「いいたいことは誰にでもいう」など、私は若い時からそういう傾向があるので、早河とは率直に話し合い、二人で何度も酒席を共にした。私は、早河の能力や懐の深さを熟知しているつもりでいたが、何を考えているのか、いまひとつ私には理解できない側面があったことは事実だ。当然、早河も私のことを、心から信頼していないという心情もあったように思う。

そんなことが広瀬の耳にも入っていたと思うが、私は即座に否定した。そして、「身体の問題です」と付け加えた。広瀬は、驚いたようで、「そんなに悪いのか」と問われた。思えば、広瀬が社長時に立ち上げた「会社変革推進運動」で、当時の坂本専務が参謀役として辣腕を振るった。社内の英知を集めたのは、坂本の功績だろう。彼は首の損傷で車椅子の生活を余儀なくされたが、そんな状況でも、社に尽くす姿を見ていた広瀬からすれば想像すらできなかっただろう。

広瀬がテレビ朝日の将来絵図を考えていることは前述したが、私もおそらく、その中に含まれていたのだろう。広瀬は考え込み、しばらく言葉を発しなかったが、突然、「休め！　そして身体を治せ！　お前が半年や一年休んでも、誰も文句をいう奴はおらんだろう」といわれ、私は絶句した。「私は取締役ですよ。そんなことは、通用しないでしょう」返答するのがやっとだった。

その後、妻にも相談した。妻は、以前から「いつ辞めてもいいですよ」といってくれていた。以前、冗談半分で、会社に向かう通勤電車に乗る際、腰がフラッとし、「このまま飛び込んだら楽になるだろうな」と一瞬考えたことがある旨を話したことがあり、心配でたまらなかったのだろう。その後、電車は、ホームの一番前で待つことにした。

広瀬の意を受けて、再々度徹底的に検査することにした。テレビ朝日の産業医でもある主治医のいる東京女子医大病院だ。ＶＩＰルームに宿泊し、三日間の検査。政治家が都合悪くなると、こういうところに雲隠れするのかなあ～と思いながら、検査をした。

結果は、前述のように、腰や首に悪い部分はあるものの、手術までは必要はない。また脳、内臓も、とくに悪いところはないという診断だった。本来、喜ぶべき結果だが、私からするとこれまでと同じ結果で、「悪魔」と離れられるのか心配でならなかった。

早河から聞いたことがあるが、私の症状と同じような人物がいたそうだ。作家の夏樹静子だ。私よりももっと酷かったようだ。何もする気が起こらず、食欲もなく、当然のように作家生活に支障を来すようになった。それが何年も続いたようだが、得体の知れないというか、ある病院（？）に行ったところ改善したという。私も、これまでに何度も、何ヵ所も、そういうところに足を運んだが変化は起きなかった。

ついに早河に相談した。広瀬に相談をしたことを正直に伝え、これまでの経緯を報告した。そして、「しばらく休ませていただくことは、無理でしょうか」と話すと、一瞬間があり、「お前、グループ会社の社長に行くか」と、逆に問われた。まさに、早河の本音を確認することとなり、私の腹は固まったのであった。

その後、早河に手紙をしたため、次の株主総会をもって退任する意向を伝えた。このことはまだ極秘事項だったが、なぜか社外の有力者がすでに知っており、私は不思議に思った。

最後の大仕事

こうして、私は二〇一二年六月をもって専務取締役を退任した。

退任直前だったが、最後の仕事を任される。「全英オープン」の契約更新が難航しているので、全英ゴルフ協会（R＆A）と話をまとめてもらいたいとのこと。体調に自信もクソもなかったが、最後のご奉公と思い渡英した。

ロンドン・ヒースロー空港経由でエジンバラ空港に着き、そこから車で約一時間強、ゴルフの聖地セントアンドリュースに二十三時頃到着した。

翌日、さっそく当時のR＆Aドーソン会長、理事とセントアンドリュースのクラブハウス内にある執務室でミーティングを開始した。

交渉は難航を極め、平行線を辿り、なかなか結論が見えなかった。私も、折れるわけにもいかないので、社長と連絡を取りながら交渉を続けたが、ミーティングは決裂する。社長との連絡は、同行のスポーツセンター長に任せた。

夕刻から、R＆A主催のディナーに招待される。セントアンドリュースゴルフ場の脇にある素

セントアンドリュースをバックに英国ゴルフ協会会長のドーソンと

晴らしいレストランで、本来ならば最高の気分になるところだが、すべてが不調で、明日帰国の予定だ。R&A側はスコッチを飲んで少々いい気分になったようで、私にも勧めてくる。頭の中は、契約のことで一杯だったが、開き直って私もスコッチを呷ったが、時をみてドーソン会長に耳打ちした。「明日午前中、もう一度時間をください」と。ただ、正午にはセントアンドリュースを出発しないと帰国便に間に合わないので、ぜひ調整をお願いしたいと。

これに対し、ドーソンは、ラージミーティングがいいのか、スモールミーティングがいいのか尋ねてきたので、即座にスモールと答えた。会長は、すぐに秘書と連絡をとってくれ、ミーティング時間の指定があった。翌日の九時だったと思う。

宴が終了すると同時にホテルに戻り、同行のセンター長と電通の担当者を入れ、最後の作戦会議を行って翌日に備えた。余談だが、電通の担当者は東京オリンピックの談合問題の渦中にいた人物で、彼とはこれまで多くの仕事をしてきた。ナイスガイな人物だが、残念でならない。

ミーティングは通訳を除いて、一対一の交渉となった。途中、ドーソンは何度も席をはずしたが、隣部屋に控えている理事たちに、逐一相談していたようだ。一時間強が過ぎたところで、会長からテレビ朝日の状況を理解していただき、私の要求どおり値下げに応じてくれた。私も、会長に対し少しだけ顔が立つよう、条件を出し、ようやく交渉が成立。会長はじめ理事たちとも握手を交わし、帰国の途に就いた。

セントアンドリュースには、その時も含めて五、六度訪れているが、この件は強烈な印象として私の心に残っている。

突然、なぜこんな話を記したか。この一件は、私の、これまでのテレビ朝日における集大成みたいな事柄だと思ったので、記すことにした。

私の会社人生は、思えば「忍耐」の連続であったようだ。もがき苦しみ、悩み、そして絶対負けない気力、辛抱など挙げたら切りがないが、誠実に努力し、耐えたからこそ、次が見えてきたのだろう。自惚れるわけではないが、この忍耐力、集中力は、早大ラグビー部四年間で、土台として培われたものだろう。

思うこと

ここまで、社会人時代を、この章を通じて記してきたが、数えきれないほどの経験をさせてもらった。営業時代は私の原点だが、スポンサーや広告代理店の皆様には多大なるご支援をいただいた。本来ならば、とくに親交の深かった、スポンサーや代理店の皆さんを列挙したいところではあるが、あまりにも膨大になるのと、差し障りも生じかねないので控えることとした。

社内では、長く秘書を務めていただいた高木春佳女史、八巻かほり女史にも感謝したい。八巻は営業担当時代、高木には経営戦略室担当から最後まで面倒を見ていただいた。とくに高木は、私の晩年の姿を間近に見ており、最後の最後まで心配してもらった。この励ましがなかったら、もう少し早く終わっていただろう。余談だが、高木も会社人生に終わりを告げ、昨年、慰労会を催して改めて労った。

さて、私が退任して十年以上経つが、テレビ朝日ホールディングス（テレビ朝日は事業会社）

専務取締役でテレビ朝日を退任

のトップは、いまだに早河洋である。代表取締役会長・CEOだ。二〇〇九年の社長就任から十五年だ。早河のこれまでの実績は素晴らしいものがある。新たな中期経営計画を軌道に乗せ、視聴率は日本テレビに次ぐ、時には凌ぐ不動の地位を確保しており、また営業面でも二位の座を確保している。

そして二〇二四年には、低次元の中ではあるものの、年間視聴率で苦節何十年、トップの座を射止めることは確実視され、今後営業売上と共にトップに立つことも夢ではなくなってきた。社員一人ひとりの努力はもちろんだが、早河他経営陣にも称賛を送りたい。

思えば、広瀬、君和田の時代に強固な土台を築き、早河の時代に立派な家を建てたのだろう。しかし、ラグビーの項でも記したが、家は必ず寿命があることを忘れてはならないだろう。

ご承知のように、今テレビ業界は大きな転換期を迎えている。デジタル放送開始から、新たな期待を胸に再スタートを切った業界だが、テレビ離れが顕著になっている。新聞業界は一昔前から不況に喘ぎ、なかなか出口が見つからないどころか、販売部数は低減傾向に歯止めがかからない。

テレビ業界も世帯全体の視聴率（ＨＵＴ）が下降し、またスポンサーの要望で個人視聴率が重要視されている。購買力の高い、若い男性、女性の層が、スポンサーから求められる時代が鮮明になってきた。これは、私が営業時代も同様ではあったが、より鮮明になってきたのだろう。

ただ、個人視聴率の問題だけでなく、最も心配なのは、若者のテレビ離れが顕著であり、それは一過性なものではなく、この勢いを止めることは難しいだろう。

さらには、ネットフリックス、アマゾンプライムなど次の勢力が台頭してきた。制作能力、制作費はテレビ局の比ではない。正直いえば、私もネットフリックスをよく見る。そういう状況でテレビ業界がどう生き残るのか、私には想像もつかないが、本当に難しい舵取りが求められるだろう。

当然ながら、中期計画では広告収入が基本の基本であることは変わらないが、パーセンテージは減っていくのは必須であり、広告外収入のさらなる拡大に向けて、知恵を絞っていることだろう。社友会の一人として、今後を見守っていきたい。

こうした超新しい時代をどう乗り切っていくのか。もう今の私には無理な話だが、やはり「若い力」が必要だと思う。若い力をどう発掘し、育て、どう発揮させるのか、経営者が考えるべき最優先事項なのだろう。

そういう面で、一つ残念なことがある。早河の後継者だ。二〇一六年、ようやく次の社長に角南源五が就任した。しかし三年後には、亀山慶二が取って替わった。角南はBS朝日社長に転じ、テレビ朝日の副社長も兼務するものの、まさに格落ちだ。しかも、のちにテレビ朝日の副社長として戻るが、摩訶不思議な人事だった。

二〇一九年に社長に就任した亀山は社内経費の私的流用という、にわかには信じ難い不祥事によって二〇二二年に辞任に追い込まれる。亀山は、社内外問わず早河の腹心として知られ、編成・営業を経験し、かなりの権力を握っていた。本来ならば、早河の次の社長にという選択肢もあったのだろうが、あまりにも露骨過ぎるので、一拍置いたのだろうというのが私の見立てだ。

亀山は早大の後輩で、体育会ゴルフ部の出身ということもあり、入社以来目をかけてきたが、途中から人が変わっていったようだ。私と早河は、時に意見の相違があることは、前述したが、この亀山についての評価もその一つだった。私は、以前から彼の本性を見抜いており、何度か注意をしてきた。パワハラ寸前までいったことがあったが、さすがに堪えたものだ。早河にも何度か話をしてきたが、聞き入れてもらえなかった。

この件は、まさに恥ずべきことであり、残念至極だ。

こうして、若い後継者が次々と去り、現在は篠塚浩である。若い立派な経営者が、若い力を育てることは必須であり、私は篠塚社長に期待をしているところだ。

こうした一連の人事を目の当たりにしてみると、やはり人事の公平性は、本当に大事なことだと思う。しかも社長人事というのは、まさに最高レベルだ。心（精神力）・技（能力）・体（健康）が、充実していなければ務まらない。私のように、欠陥がある人間には務まらない。己を捨て、社員、そしてステークホルダーのために、命を賭して頑張らなければならない立場なのだ。早河会長には責任を痛感し、後顧の憂いなきよう、最後の総仕上げを見せていただきたいと願う日々である。

まことに失礼ながら、一言申し上げて、社会人時代を締めくくりたい。

第4章
引退後
60歳～現在

パリオリンピック

二〇二四年八月四日日曜日、朝六時に起床した。普段の就寝時間は二十二時頃だ。パリオリンピック視聴で遅くまで起きているが、朝はいつもと変わらない。加齢なのかわからないが、それほど眠れなくなってきている。

昨晩のオリンピック放送では、「柔道混合団体」「女子サッカー日本対アメリカ」戦をライブで見た。そして今朝六時からは、VTRで「陸上女子一〇〇メートル」を見る。柔道では、阿部一二三の攻撃的な柔道に一喜一憂しながら応援したが願いかなわず。最後の斉藤はリネールに善戦したが、結果は実力差で敗戦し万事休す。東京オリンピックでの雪辱を果たすことはできなかった。

それにしても、今回の柔道では、摩訶不思議な判定が随所に見られ、審判の不手際が目立つ大会となった、と感じたのは私だけだったのだろうか。阿部の試合では、指導が何回入ってもおかしくない内容だったのではないか。

「なでしこジャパン」は、善戦したものの、結局のところ決定力の差が出たのだろう。

「女子一〇〇メートル」は見事なレースで、アメリカの選手を抑え、カリブ海の小国セントルシアのジュリエン・アルフレッドが制した。この国から陸上競技に参加した女子選手は彼女一人だったそうだが、このレースを見て、朝から鳥肌が立った。彼女には心から敬意を表したい。

パリオリンピックは、この時点で九日目を終え、終盤戦に入っていくが、ここまででも多くの感動をもらった。一方で、悲喜劇を目の当たりにし、勝負への執念の差ということを改めて痛感した。一瞬の隙、油断、一ミリの差も許されない過酷な戦いだ。

オリンピックは四年（今回は三年）に一度の大会なので、各選手はこの四年間、死にもの狂いの努力をしてきたことだろう。さらに、その中からメダルを獲得するのはごく一部であり、さらに頂点に立つのは、これまたごくごく一部の人間である。メダルを獲った選手のインタビューを聞くと、「誰にも負けない練習をやってきた」というアナログ的なフレーズが必ずといっていいほど入ってくる。元々、素晴らしい素質を持つ選手たちが競うわけだから、オリンピックに向けての四年間は、想像を絶する練習、そして日々の自己規律が必要なのだろう。そして、プラスアルファの「運」も持ち合わせなければ、金メダルなどは決して手が届かないのだろう。この時点で、まだパリ大会は終了していないので、終盤の各競技を楽しみに、四年に一度の祭典を満喫したい。後半戦はのちほどまた記したいと思う。

一方で、前述したが、オリンピックはクーベルタン男爵の思想とはかけ離れてきてはいるものの、各スポーツ競技の世界一を決める最大の場だ。スポーツを通じて、世界の人々がつながり、国際親善や世界平和に大きな役割を果たすことも使命である。オリンピック憲章にも三つの価値が謳われている。「卓越（Excellence）」「友情（Friendship）」「敬意／尊重（Respect）」である。一日も早く、政治とスポーツを切り離し、世界各国が協力し合って真のスポーツ世界一を決する大会となるよう、夢見てやまない。

私はラグビー人間なので、ワールドラグビーが掲げる「ラグビー憲章」のことを付け加えておきたい。憲章の中に、ラグビーをやる選手に対し、人間形成に資する五つの要素を謳っている。「品位（Integrity）」「情熱（Passion）」「結束（Solidarity）」「規律（Discipline）」「尊重（Respect）」である。

ラグビーは、パリ大会に、男女共に出場した（七人制ラグビー）。女子は三勝を挙げて気を吐いたが、残念なことに男子は早大ＯＢから古賀由教《よしゆき》と丸尾崇真《たかまさ》の二選手が出場したが、一勝もできず最下位に甘んじた。クーベルタンの思想には合うが、戦いの内容を含め全力を尽くしたとはいい難く、猛省を促したい。

いきなりオリンピックの話になり大変恐縮だが、どうしても昨夜からの興奮が収まらず、ついつい思いを記してしまった。新たな章の執筆に入ったのだが、ご容赦願いたい。

トレーニングに目覚める

六十歳で会社人生を終え、以降、現在までどう歩んできたかを記していきたい。

退任後の一年間は顧問（非常勤）として残ったが、月に一、二度の出社であり、残務整理の他には、特段やることはなかった。

まずは、身体の回復に努めることに専念した。以前、ゴルフの青木功から、教えていただいたトレーニングのことを思い出した。

このトレーニングは、鳥取県に本拠を置くワールドウィングエンタープライズの〝初動負荷トレーニング〟を行う。小山裕史という人が開発したものだが、数十種類に及ぶマシーンを用いて行うトレーニングで、スポーツ界はもちろん、医療や介護などの様々な分野で注目されている。

小山は、早稲田大学大学院人間科学研究科博士課程を修了して人間科学博士号を取得。鳥取大学の客員教授などを歴任し、スケート、柔道、水泳、陸上など各連盟のサポートを務めてきた。

競技力向上をはじめ、健康維持・増進、介護予防にも取り組んでいる。『希望のトレーニング』

全英オープンゴルフで青木功夫妻と

『「奇跡」のトレーニング』他著書も多い。

野球のイチローなどは、一台何百万もするマシーンを数種類購入し（イチローからすれば金額は問題ではないだろうが）、シアトル、ニューヨークの住居に備え付け、常時利用できるようにしていた。青木功も数十年前から、年に何度か鳥取まで足を運び、数日間トレーニングを受けていたそうだ。

私はこの話を思い出してさっそく調べたところ、当時は東京に二軒、そしてなんと市川に店舗があることも判明した。

善は急げとばかり市川の「ワールドウィング」に赴き、一通りの説明を受けて、直後会員の契約を済ませた。一般のスポーツジムに比べると高額だが、背に腹は代えられない。

翌日から、「ワールドウィング」通いが始まった。自宅から、電車と徒歩で三十分ほどのところで便がよかった。定期券を購入するのは、いつ以来か覚えはなかったが、水曜日の休館日以外、ほぼ毎日午前中に通った。

契約後、トレーナーは私の症状を懇切丁寧に聞き入れ、メニューを組んで待っていてくれた。メニューの内容は省略するが、約二時間かけて、ゆっくり負荷をかけすぎないで進行していく。走ったり、バーベルを上げたりなどのトレーニングは一切ない。各マシーンの重力を活かして、身体のいろいろな部位に少しずつ負荷をかけていくのだ。二種類のマシーンを一セットにして、これを五セットほどやる。都合十種類のマシーンを使うことになる。私は、これまでこのようなトレーニングを経験したことはなく、非常に新鮮な気持ちで取り組んでいった。

トレーニングによる疲れは一切なく、少し余裕ができるとジムに来る人とも、言葉を交わすようになり、馴染みの会員ができてくる。また、日が経つにつれ、少しずつ改善の兆しが見られるようになり、気持ちも明るくなっていく。この「ワールドウィング市川」には、高校球児、プロ野球選手、相撲取り、ラグビー選手などが通ってくる。ラグビー選手の中にはＮＴＴコミュニケーションズの選手もおり、私の早大の後輩もいた。スポーツ以外でも、障害を持つ子供も含め、老若男女が通ってきていた。九十歳近い女性もいた。こうして、「ワールドウィング」には、十年近く通うようになる。

読書三昧の午後

トレーニングは午前中で終わるので、午後の時間は何もすることがなく、三ヵ月ほど経つと時間を持て余すようになった。テレビを見てもすぐ飽きる。私の性分は、どちらかというと〝せっかち〟だ。何かやってみるか、いろいろ考えてみた。

突然思いたったように、〝絵〟に挑戦してみようと、道具を買いにいった。小学生以来だと思うが、しばらくは少し真剣に取り組んだ。

ところどころで、妻に褒められたこともあるが、考えてみれば、私のやる気を削がせたくない、その気遣いがあったようだ。今でも、その名残として、鳥や花の絵が自宅に飾ってあるが、いずれにしても大したことはない。

結局は、午前中は身体のトレーニングなので、午後は頭のトレーニングをしようと、読書に時間を割くようになっていく。

読書は元々好きだったが、現役時代は読む暇もなく、最低限の読書しかできなかった。言い訳に聞こえるかと思うが致し方ない。昨今、三宅香帆著の『なぜ働いていると本が読めなくなるの

尊敬する斎田祐造と部署の旅行会で

か』が、ベストセラーになっているそうだが、読んではいないがわかる気がする。

こうして、午前中は身体のトレーニング、午後は数時間の読書という一日が始まる。

まず、手始めに、退任時、斎田祐造からいただいた二冊の本を読みはじめた。

阿川弘之著『井上成美』、そして山本兼一著『命もいらず名もいらず』だ。

『井上成美』は、日米開戦に強硬に反対した、最後の海軍大将の反骨心溢れる生涯を描いたものだ。井上成美は、孤高にして清貧なる人生を送った人物であった。

『命もいらず名もいらず』は、幕末の最後のサムライ山岡鉄舟の生涯を描いた歴史大作だ。剣・禅・書の修行に励み、己を鍛え、江戸幕府最後の将軍徳川慶喜、そして勝海舟の意を受け、西郷隆盛と静岡の地で談判して和義を結び、江戸無血開城への道を作った人物である。のちに明治天皇の教育係にも任じられ、名誉、官位すべてに執着することなく、井上成美同様、生涯清貧を貫いた人生は、「日本人としての生き方」とは何かを問いかけたものだ。

斎田は、私の心境を慮って、この二冊を選んでくれたのだろう。私が退任を決意した際、六本木で食事を馳走になった。斎田は涙を浮かべながら、「お前、これでいいのか」と何度も問いかけ、そして最後は、「お前が決断したのだからやむを得ない」と、何度も頷いてくれたことを思い出す。斎田は、私が入社した時は、営業で関西支社におり、なかなか直接お目にかかる機会がなかった。早大の先輩であり、早大ラグビーが好きで、私の試合を何度も見ていたようで、私に会える日を楽しみにしていたと、当時をふり返っていた。

また、斎田は、無類の読書家で、人格者であり、私の師匠でもあった。

斎田は専務取締役を退任後、本を出版する。一九八三年に起きた大韓航空機撃墜事件の謎に隠された秘密を皮切りに、CIA、元KGBの米露情報機関がそれぞれの思惑に交錯する姿、また新興マフィアの暗躍とグローバルビジネスの内実を描いた、圧倒的なリアリティで迫るインテリジェント・ミステリーである。執筆に二、三年要した大作で、その出版記念パーティには業界の要人たちが集まり、あの時の斎田の笑顔が忘れられない。

本のタイトルは、『ブラックメイル』（上下巻）だ。

斎田は七十七歳で他界したが、一周忌、三回忌の法要にも、河合、神村、前原、吉川と共に、墓前に赴いた。

さて、斎田からいただいた二冊の本を読んで、読書の楽しさを改めて感じ入り、以降毎日のように読み漁った。

私はノンフィクション系が好きだが、本屋に行っては二時間ほどかけて、ジャンルを問わずパッと見て気に入ったものを数冊買う。子供の頃は、本を買う余裕もなく、また社会人になると前述のように、時間的な余裕もなく、読む時間が限られていた。これは、単なる言い訳に過ぎないが。

こうして、昔読めなかった芥川龍之介、太宰治、三島由紀夫、司馬遼太郎、立花隆などの本を遅ればせながらも読んだ。

また、ドストエフスキー著の『罪と罰』『カラマーゾフの兄弟』をはじめ、海外作品も数多く読み込んだ。

ジャンル問わずの乱読であり、忘れた内容も多いが、一冊読むごとに達成感があり、幸せな気分になった。

こうして、何百冊読んだかわからないが、あえて一冊挙げるならば、石牟礼道子著の『苦海浄土』である。全三部作で、一九六九年に第一部が出版された。水俣病患者を題材とした作品で、汚染物質で生じた奇病の苦しみと、患者の尊厳を表現した超大作だ。

ところで、私が読書好きだというと、「へ〜、それは知らなかったなあ〜」と思う人が多いと思うが、人は変わるものだ。

こうして、昨今は、「父の日」と「誕生日」には、長男長女から年二回、一万円の図書カードが贈られる。私にすれば最高のプレゼントであり、そのカードを握りしめ本屋に向かう。これからも、できるだけ長く読みたいものだ。

妻への恩返し

さて、「ワールドウィング」での効果が現れはじめ、徐々に体力が回復してくる。精神面、環境面の変化も大きかったが、久方ぶりに身体の張りを感じ、顔つき顔色もよくなってきたようだ。

引退後は妻への恩返し。唐招提寺にて

体力の回復と共に、さあこれからは、まったく違う道を歩んでいかねばならない。

まず、これまで支えてくれた、妻に恩返しをと思い旅行に誘ってみた。思えば、現役時代、家族でニューヨークには来たものの、二人で旅行をしたことがなかった。私は、海外に行くにはまだ自信が持てなかったので、国内の旅を提案したところ、妻も国内の方がいいという。

こうして、最初に、妻が好きだという奈良を訪れた。高校の修学旅行以来の奈良であったが、時期的に観光客が少なく、ゆっくり、ゆったり見物ができた。法隆寺、唐招提寺他、時が止まったような感じで見学し、改めて奈良の素晴らしさに感じ入ることができた。

これをキッカケに、年に一、二度のペースで国内を旅した。黒部峡谷、姫路、出雲、長崎、長野など多くの地を訪れ、少しは恩返しができたかなと思っている。

姫路では、テレビ朝日営業時代の後輩が住んでおり、新装なった姫路城（白鷺城）を案内してもらい、玄人はだしの説明に舌を巻いた覚えがある。その晩は、私のポケットマネーで、ガイド料の代わりに一席設けてお礼をし、旧交を温めた。

出雲では、「ワールドウィング」の元トレーナーがおり、現在教師だがわざわざ休暇を取って、私たちのために二日間にわたって案内してくれた。足立美術館（安来市）にも訪れ、二十年以上にわたり「日本庭園ランキング」で日本一を獲得しているという庭園には、圧倒され、ただ見惚れるばかりだった。息を呑む美しさとはこのことだ。

美術館には、足立コレクションの柱である、横山大観の作品が百二十点ほどあり、また日本画壇の巨匠上村松園などの作品も多数ありそのスケールの大きさに、ただただ圧倒された。他にも、北大路魯山人の書や陶芸も目を見張るものばかりで、立ちすくむばかりであった。

思い出すと筆が止まらなくなるが、長崎では前原兄貴が待ち構えており、諏訪神社の祭礼である「長崎くんち」を見物した。私が思っていた以上の大迫力で、また最高の席を用意してくれており、満喫した。夜には、早大ラグビーの後輩を交えて、楽しい大食事会となった。

最後にもう一ヵ所記すが、長野では、七年に一度の奇祭といわれる「御柱祭」を、土屋長野朝日放送社長夫妻の粋な計らいで見物した。初めて実際に見たが、迫力満点の祭事で、時が経つのを忘れてしまうほどだった。

テレビ朝日時代、早大ラグビー時代のおかげで、各地方に知人が多く、彼らに会うのも喜びの一つでもあった。

余談だが、私はこれまで家の鍵を持ったことがない。妻は、私が帰るまで心配で寝られなかったといい、持っていても意味がないのでズルズルとそうなってしまった。その御礼も含めての旅でもあった。

この旅も、このところ小休止だが、長女家族が上海に在住しているので、年内に訪れようと思っている。飛行時間も短いので、久しぶりの夫婦海外旅行となりそうだ。

私は、中国には、これまで仕事で北京と上海に二度出張しているが、今回はせっかくなので、西安や敦煌にも足を伸ばしてみたいと思う。西安では「兵馬俑」、敦煌では「莫高窟」を見学したいと思っている。

OB会副会長就任とアドバイザー契約

退任の二年後、早大ラグビーOBの小林先輩から電話が入る。当時の宮沢OB会長が会いたいという。なんのことかは当然察したが、とりあえず三人で会うこととした。案の定、OB会長就任の要請だったが、これまでの経緯を説明し、丁重にお断りした。ただし、副会長は了承することにした。

以前、私が常務時代に、当時の矢部OB会長から会長就任の要請があったが、仕事が多忙であり、また物理的にも難しくお断りした経緯がある。

シーズン最大の山場の一つ、「早明戦」は毎年十二月第一週の日曜日と日程が決まっている。その日は、テレビ朝日にとっても重要な日で、福岡で毎年開催される「福岡国際マラソン」がある。私は、この大会には必ず出張しなければならず、「早明戦」後に行われるOB会主催の懇親会には、どうしても出席がかなわなかったのだ。

そういった事情もあり、お断りせざるを得なかった。矢部、宮沢は同期で、早大が初の日本選手権優勝に輝いた時の主将・副将だ。二人とは八歳違いの先輩・後輩の間柄だが、この件については今でも申し訳なく思っている。

矢部とは、この依頼を受けた際、六本木の寿司屋で会ったが、二人ともよく知っていた店なので、トイレの際に私は素早く会計を済ませていた。あの時、先輩が支払ったら、後々までいわれたかも知れない。

宮沢からの要請と時を同じくして、某広告会社のトップから電話が入る。その頃は、これまでお世話になったスポンサーや広告代理店の人たちに、食事に誘われれば行けるくらいに体力も回復していた。潔く引退したこともあり、送別会もできなかったので個別に催してくれたのだ。時間をかけて、多くの人たちの厚意を甘んじて受け、謝意をお伝えした。会社は違えど、これまで戦ってきた仲間に、温かくかつ御礼を示されたことは、何ものにも代え難い。

これまでの苦労が報われた時間であり、この業界で生きてきたことを、改めて誇りに思う瞬間でもあった。

某広告会社のトップからの依頼は、アドバイザー就任の要請だった。詳しくは、「秘密保持契約」があり、話すことはできないが、私のこれまでの経験値を買われてのことだった。だが、私のこれまでの経歴から、一広告会社のアドバイザーに就任することは憚られるものがあった。

結果的には、非常勤、そして対外的には極秘の条件で引き受けることになる。五年間にわたって務めることになったが、成果が上がったのかどうかは、わからないが、某会社がこれまでとは少し違った分野に進むことをアドバイスしたことは覚えている。

その某広告会社のトップは、私が無職になったことを気遣い、何か報いたいとの思いがあったのだろう。

第十七代早大ラグビーOB会長に就任

こうして時は経っていくが、二〇一七年、六十五歳の時、早大ラグビーの大東OB会長から話があった。私は、OB会の副会長を続けていたが、OB会長の就任要請である。実に、三度目の要請だった。

二〇一八（平成三十）年は、早大ラグビーが創部百周年を迎える大変な節目だ。私は、この百周年事業は大東会長でなければならない旨を伝えた。三年先輩で、これまでの経歴、そして対外的なネームバリューなどを鑑み、正直に話をした。結果、大東は続投を決意してくれた。

大東は「百周年記念事業」の実行委員長として、大学関係者、OB会をまとめ上げ、素晴らしい創部百周年を飾ることができた。東京ドームホテルでのパーティには、優に千人を超える人たちが参集し、心から祝ってくれた。冒頭、早稲田大学校歌が流れると、私も思わず涙がこぼれ、鳥肌が立ったことをよく覚えている。

大東会長の冒頭挨拶後、田中愛治早大総長、河野洋平稲門体育会会長、岡村正日本ラグビー協会長（元東芝社長）の挨拶が続き、奥島孝康元早稲田総長の乾杯で、会場は熱気に包まれる。ＯＢ会の役員をはじめ、安田事務局長以下、裏方を務めてくれたＯＢ諸君は、前日からの寝ずの一日となり、疲労困憊の様子だったが、歴史を飾るにふさわしい大パーティとなった。このパーティの演出は、テレビ局も顔負けの素晴らしいものだった。

昨今、各大学も続々と百周年を迎えているが、このパーティは、語り草となっているようだ。

ただ、百周年時に、「大学日本一」という目標は、残念ながら準決勝で敗退し達成されず、翌年に持ち越しとなった。

そして、二〇一九年六月、大東から会長就任の再要請があり、また若手からの強い要望、待望論があり、今度は断る理由もなく、第十七代早大ラグビーＯＢ会長（現ラグビー倶楽部）を引き受けた。

創部百一年目の年であり、次の百年に向けての新たなスタートの年であった。

しかし、ここで大変遺憾なことが発生する。私はまだ就任前だったが、実務的にはすでに会長の仕事を任せられており、あとはＯＢ総会での最終承認を待つばかりの身だった。

現役部員が亡くなるという、まことに遺憾な出来事だった。前年の練習中の事故で重傷を負い闘病中であった丸茂健君が、五月に帰らぬ人となった。当時の相良監督や部員たちの心中は察するに余りある。

丸茂健君は道半ばで人生を終え、どれほど悔しかったか、想像に難くない。

ご家族に対しては、大学関係者、ＯＢ会が真摯に向きあってきていたが、決して、あってはならない出来事だ。これからも、私たちは、最善最大の努力をして、ご家族に報いなければならないと心に誓っている。

私は、就任前より大東から引き継ぎ、ＯＢ会を代表して何度かご家族の許を訪れたが、言葉もなかなか見つからず、ただただ、申し訳ない気持ちと、二度と起こさないことを誓うことで、胸が一杯になった。

早大ラグビーグラウンドの脇には、同期部員が丸茂君のことを思い、そして二度と繰り返さないことを誓い、山茶花《さざんか》が植樹された。山茶花の花言葉には、理想の恋、ひたむきな愛の他、「ひたむきさ」そして「困難に打ち勝つ」という意味があるそうだ。

私の会長時代は、悲劇から始まったが、早大ラグビーは日本一になることが、丸茂君に報いる最大の供養だ。相良監督、齋藤直人主将はじめ、全部員が胸に秘めた闘いが始まった。

百余年にわたる早大ラグビーは、対抗戦優勝三十五回、大学選手権優勝十六回、日本選手権（現在は廃止）優勝四回と、輝かしい成績を収めてきた。だが、この時点では二〇〇八年度の中竹監督・豊田主将の代に大学日本一を達成したあとは、対抗戦では三度優勝したものの、大学選手権では二度の準優勝のみで、日本一は達成していない。

この間、帝京大が前人未到の九連覇を達成し、大学ラグビー界は、早慶明そして法大、同志社などの伝統校時代から、新しい時代へと大きく様変わりしてきた。

しかし、どんな環境下におかれようと、早大の目標は〝勝つ〟ことだ。勝つことによって、早大の伝統や文化ができたといっても過言ではない。私も、会長就任と同時に、事あるごとに部員に語り続けてきた。

この年度には、齋藤主将はじめ大学を代表する選手が多く揃っており、かつ四年生部員が、しっかりまとまっていた。過去の例を見ても、四年生が団結する時には、必ずといっていいほどよい結果を出していた。私も、久しぶりの覇権奪回に向けて、期待が膨らんできた。

早大ラグビーのOB会は、会員が約千五百人に及ぶ。会員の年会費をベースに会を運営している。会員の親睦を深めることが第一だが、同時にもう一つはラグビー部へのサポートが大事な要素だ。

ラグビー部は、早稲田大学の競技スポーツセンターが管轄する四十四競技部のうちの一つである。当然、大学が主管しているので全責任は大学にあるが、ラグビー部は他部とは少し違って、創部時から長年にわたってOB会が支えてきた歴史がある。常に、大学側と一体となって、部の運営に携わっている。

OB会は、月一回役員会を開催し、会長の下、副会長、各本部長他、総勢二十人ほどが出席し、約二、三時間会議を行う。

本部は会員管理、財務、マーケティング、現役サポート各本部があり、関西・九州本部も会議に加わる。さらには、年二回拡大役員会があり、顧問（会長経験者のみ）、評議員も出席する。評議員は、副会長はじめ役員経験者が多いが、私の時には少し違った角度から二人を推薦した。

一人は、TBSで社長を務めていた佐々木卓（現会長）であり、もう一人は集英社の広野真一社長である。早大ラグビーのOBは、これまで、多方面において活躍している者が数多いるが、現役の両社長が名を連ねてくれた意味合いは大きいものがあり、心強く感じたものだ。二人の説得は、簡単なもので「頼むぞ！」の一言に、「わかりました」の一言が返ってきて終わり。あと

大学ラグビー選手権第50回を記念して、優勝校の当時の主将が表彰された（2014年）

は、寿司屋でしこたま飲んだ。

二人にはラグビー部員に、「ラグビーを通じての人間形成」「文武両道の大切さ」「真のリーダー像」などを語ってくれるはずだ。私は期待し、託している。

このOB会組織は、先代OBが基盤を作り、時代に即してマイナーチェンジを図り、常に過去と現代の融合を図り、形骸化しないよう努めている。

また、この会を仕切っていくのは当然会長だが、実務的な役割は幹事長・副幹事長の役目であり、会議などの進行を担っていく。私の時は、山田浩史幹事長、遠藤副幹事長が務めてくれた。とくに、山田は長年にわたってOB会の活動に尽力しており、組織をよく把握して大いに助けてもらった。

会議では、テーマによっては激論の場となるケースも多く見られ、普段おとなしい元ラガーマンも熱くなる時がある（笑）。しかし、会議後はいうまでもなく、飲み屋に足を運び、議論が延々と続いていく。これではなんの会議なのかわからない時があるが、これもまた会長の責任である。ノーサイドは、今回もまた遠くなりけりだ。

こうして、私の会長時代は進んでいくが、慣例の夏合宿での「現役激励会」「監督コーチ激励会」を経て、いよいよ秋のシーズンに入ってゆく。相良南海夫監督も二期目に入り、手応えを感じているようだ。

ラグビーワールドカップ

この年の秋に、日本で初の「ラグビーワールドカップ」が開催された。試合は、日本各地で行われ、日本は初の八強へと進出し、全国的な盛り上がりが頂点に達し、南アフリカの優勝で幕を閉じた。私も何試合観戦したかわからないが、大成功に終わり、この大会を日本に招聘した森喜朗も鼻高々だっただろう。

そして、一方では、このラグビーワールドカップの直前の、九月十六日から二十三日まで、世界の八ヵ国の大学のラグビーチームが東京に集結して「ＷＵＲＩＴ（ワールド・ユニバーシティ・

ラグビー・インビテーション・トーナメント）」が開催された。この大会は、四年前のラグビーワールドカップ・イングランド大会前にオックスフォード大学がホスト校として主催したのが初めてで、今回が二度目の開催となった。

今回の大会には、オックスフォード大学、ニュージーランド大学学生選抜、シドニー大学、ボルドー大学、ケープタウン大学、カナダのブリティッシュコロンビア大学、シベリア連邦大学、そして早稲田大学の八校が参加した。

東京大会ということで、私は大会実行委員長、そして大学の松島部長と共に、大会のホスト役を務めることとなった。

試合前には八大学が早稲田大学に集結し、オープニングセレモニー後、「大学スポーツが果たす役割」をテーマにシンポジウムが行われた。私は冒頭挨拶で、「ラグビーを通して、社会のグローバルリーダーを育成すると共に、各国大学間の国際交流でスポーツ教育の本質的な価値をグローバルに発信することを掲げる」という旨の話をした。

続いて、元駐トルコ大使宮島昭夫の「真のグローバル人材とは？」、そしてオックスフォード出身のレジ・クラークからは「ラグビーの歴史から学ぶラグビーの文化とフィロソフィー」と題した基調講演があった。

また、各大学の主将によるパネルディスカッション、「大学スポーツが果たす役割〜未来のグローバルリーダーの育成に向けて〜」が行われ、最後に、早大田中総長のクロージングスピーチで、無事シンポジウムが終わった。

翌日から、八大学による総当たり方式の試合が早大上井草グラウンドで行われた（二十分ハーフ）。大会途中には、会場近隣の小学校を各国の選手が訪問し、世界の大学生と日本の小学生との交流の場を持ち、大いに歓迎をされた。

この大会の理念を通して、世界の大学が一ヵ所に集い、友好を育めたことは、試合そのものより価値が高かったのかとも思う。

大会最終日には、早大東伏見スポーツアリーナに、この大会に関わったすべての人が集まり、「アフター・マッチファンクション（サヨナラパーティ）」が催された。各大学の盛り上がりを見て、私の胸にもグッと迫るものがあった。

私はイングランド大会には参加していなかったので、今回の大会がどうなるのか心配というか、半信半疑だったが、大成功裏に終えたことに大満足を覚えた。

創部百一年目の日本一で「荒ぶる」を大合唱

さて話は秋のシーズンに戻る。シーズン序盤・中盤は順調に進み、早慶戦も制し、いよいよ対抗戦の最終戦「早明戦」を迎える。なんとか対抗戦を制し、大学選手権に向けて弾みをつけていきたいと願っていたが、試合は完敗だった。

この情けない試合を観て、普段あまり感情を表に出すタイプではない私が、相当怒っていたようだ。

例年、早明戦終了後には、シーズン途中の「けじめ」として、OB会主催の懇親会を開催する。大学関係者、保護者、ファン、そして多くのOBが全国から駆けつける。冒頭の挨拶で、私は怒りがまだ収まらず、檄を飛ばし過ぎた。この懇親会に出席していた森喜朗も少し驚いたようだ。だが、多くの人は、私と同じ気持ちだったのだろう。期待が大きいほどの何とやらであった。

対抗戦祝勝会から、大学選手権に向けての激励会に変わっていったが、何としても奮起を願いたいと思った。

一方で、私たちの頃は対抗戦優勝があり、大学日本一になることが大目標だったが、現在の最終目標は大学日本一であり、この対抗戦は一つの通過点として捉えている感もあるかも知れない。

早大は、対抗戦で勝っても、大学日本一にならなければ「荒ぶる」は歌えないのだ。

次の大学選手権には、頑張ってもらうしかない。とくに、前年「百周年・日本一」を達成できなかったので、次の百年に向けての第一歩である年で、何としても優勝を果たし、新たなスタートを切りたい思いで一杯だった。十年間、優勝から遠ざかり、「常勝早大」のイメージがもはや崩れかけている。現役はいうに及ばず、千五百人のOB・OGから見れば、新しいスタートの年に、何としても「早大復活」を願っている。

戦力的にも、前述のように、十二分に狙える選手が揃っている。

そして、いよいよ大学選手権が始まる。早大は、十二月二十一日の準々決勝からの出場だ。準々決勝では、日大を相手に57対14と快勝し、幸先のいい滑り出しを見せた。

この試合は、花園ラグビー場で行われ、私も観戦した。その年の日大は、強力FWを武器にリーグ戦でも好成績を残し、決して侮れるような相手ではなかったが、まずはホッとした。

夕刻から、関西OB主催で、懇親激励会が催され、久しぶりに関西OBたちと宴を共にし、最終の新幹線で帰京した。

そして、年明けの二〇二〇年一月二日、準決勝を迎えた。相手は天理大。天理は、このところ外国人選手のパワーとそれに引っ張られるように各選手が力をつけ、急激にチーム力が向上してきた。前年度は、明治に決勝で惜敗したものの、準優勝チームだ。ＢＫ・ＦＷ一体となった天理大は、前評判でも「天理有利」とするメディアも少なくなかった。

しかし、早大は、この試合でも揺るぎない自信を持って臨み、終始圧倒し続け、52対14と完勝する。

対抗戦の明大戦から、約一ヵ月で見違えるようなチームに生まれ変わったのであった。まだ、決勝戦が残っているが、ここまで二試合で見せた相良監督の手腕、そして齋藤主将を中心とした四年生、そして全部員が〝本当に一つになった〟ように感じたのは、私だけではなかっただろう。

そして、一月十一日、決勝戦の日がやってきた。

私は、当日目覚めた時、不思議な感じがした。この日は〝一〟がすべて揃っていることを確認して勝利を確信した。妻に「今日はこういう日なので勝てるよ！」といったところ、妻は私がよく験を担ぐのを知っているので、「あらっ」といって笑ったようだ。この日は、一月十一日、早

OB会長時代、11年ぶりの大学選手権優勝で4年生メンバーと。私の左が齋藤主将

大ラグビー部創部一〇一年目で、〝一〟が五つも付いた日だ。後付けのように思われるかも知れないが、本当の話である。

決勝戦は、前年度覇者の明治だ。明治は、前年度二十二年ぶりの日本一に輝き、古豪復活を成し遂げ、二連覇を狙っている。対抗戦で完敗していることもあり、これまた前評判では、明治有利が多いようだ。

戦う場は、新装なった国立競技場である。舞台は整った。強力FWそして、充実したBKと戦力が整った明治に、どう戦うのか。

私たちも緊張する中、キックオフの笛が鳴った。大観衆の中、この舞台で戦える選手は、幸せ者だろうと思う。

試合は、予想に反し、早大が素晴らしい立ち上

2019年度大学選手権優勝祝勝会にて（左から4人目、右は大東前OB会長）。右端は佐々木

がりを見せ、明治を圧倒しまくる。私たちも驚きの連続で、前半だけで四トライを挙げ、ハーフタイムを迎えた。

しかし、「勝負というのは、最後の笛が鳴るまで、何が起きるかわからない」とよくいわれる。私たちも何度も経験してきた。明治も後半、逆に五トライ獲れるチーム力を備えている。

案の定、後半立ち上がりから、明治の猛攻が始まる。連続トライを挙げられ、点差を詰められる。しかし、この日の早大は違った。すかさず、反撃を止めるトライを挙げ、突き離す。

結果、45対35で壮絶な撃ち合いを制した。見事な先制攻撃、そして相手が迫ってきたところを突き離す、完璧に近いゲームだった。誰が予想した試合だっただろう。

ノーサイドの瞬間は、ただただ感無量であった。

創部百一年目、一月十一日、十一年ぶりの日本一だった。私が、OB会長になって初年度での日本一である。〝一〟がいくつも重なった。私はこじつけるのが好きだが、不思議なものだ。

表彰式後、グラウンドでは「荒ぶる」の大合唱である。私たちOB・OGもスタンドで肩を組み大合唱だ。私の時代は四年間で何度も唄うことができたが、当日は、当時を凌ぐ嬉しさで、体が震えたことを覚えている。

しかし対抗戦の明治戦から約一ヵ月しか経っていないのに、よくもこんな素晴らしいチームを作り上げたものだ。相良監督、コーチ陣、そしてグラウンドで最高のパフォーマンスを見せた齋藤主将他選手たち、さらにはスタンドで選手と一体となって戦ってくれた全部員には心から敬服した。十一年ぶりに聴く「荒ぶる」は、格別なものであり、表現のしようがないほどだ。

そして、当日夜は、新宿のホテルにて大祝勝会である。

早大ラグビーを支えてくれるパートナー（スポンサー）の皆さん、田中総長はじめ大学関係者、保護者、ファンそして、全国から馳せ参じたOB・OGの皆が集結した。五、六百人は集まったのだろう。ホテルの大ホールは大混乱状態で、熱気で溢れ返ったようだ。

会の冒頭、主催者を代表して私が挨拶をした。一言話をすると、そのつど大歓声が上がった。

少し時間をオーバーしてしまったが天に舞う気分とはこのことだ。挨拶を終えたところで、森喜朗先輩から一言、「神山君は話が長いなあ〜」といわれ、私は内心「貴方だけにはいわれたくないセリフだ」と思ったが、さすがに口に出すことは憚られた。

その後、田中総長、森喜朗他の挨拶があり、場は最高潮に達した。

相良監督、齋藤主将の挨拶は、声が聞きとれないほどだった。

最後に、全員で唄った「荒ぶる」は、これまた忘れ得ないものになった。これからも一度でも多く唄いたいものだ。

こうして、ＯＢ会長としての初年度は、最高の形で締めくくることができ、監督、コーチ、全部員に感謝の念を伝えた。

何よりも、丸茂君のご家族に最高の報告ができたことだろう。

新型コロナの流行で言葉を失う

翌二〇二〇年度シーズンは、相良に三年目の監督を継続してもらった。当然、連覇達成が大目標だ。

しかし、ここで、世界中を震撼させる出来事が発生する。二〇一九年、中国・武漢で発生した新型コロナウイルスは、あっという間にパンデミックを引き起こす。

百年に一度といわれるこの感染症の大流行によって、様々な経験をすることになる。

現在も、この感染症は終わりが見えていないが、当時の悲惨さは、誰もが忘れ得ないものだろう。世界の死者数は、五百万人を超えるものとなった。

スポーツの世界も然り、東京オリンピックは一年遅れで開催したものの、無観客となったことは、記憶に新しいところだろう。

社会が分断され、大学でも、休講やオンライン授業が相次ぎ、ほとんどの社会が遮断された。

思い出したくもないが、早大ラグビー部もロックダウンが続き、部員は上井草寮やアパートのみでの生活を余儀なくされる。

ラグビー倶楽部会員も立ち入り禁止となり、ほとんどの行事が、三年間にわたって中止になった。

早大ラグビーは、部員とOB・OGとの関係は切っても切れない血脈があり、残念至極の一言であった。

早大ラグビーOB会の組織は、一九二五年に設立し、これまで多くの会員によって運営されてきた。

前述したように、主な目的は会員の親睦を図ることだが、それ以上にラグビー部への支援が大事であり、人的金銭的な支援は無論、精神的な支柱としての役割を果たしてきた。

通常だと、倶楽部会員が上井草グラウンド、また夏合宿に馳せ参じた。部員と会話し、そして激励しながらコミュニケーションを図り、早大ラグビーの伝統を継承していくことが望まれるが、一切何もできず、監督やコーチ、学生に任せる他なかった。

私はこれまでの人生で何度か大きな事件、事故に遭遇また遭遇しかけたが、会長時に、このようなことになるとは言葉すら失うことになった。

ただ、そういう状況下でも月一回の役員会は、十分な予防の上開催し、部の状況把握に努めた。あとは、監督やコーチ陣に任せるしかないが、部員は多感な学生時代を襲った不遇な出来事にもめげず、できる範囲内での練習をしっかりやってくれたようだ。

どうにか、春シーズン、夏合宿を経て秋のシーズンに入っていく。夏合宿では、倶楽部主催の激励会は中止となり、私は激励の言葉すらかけられなかった。ただその代わりといってはなんだが、言葉を記し菅平寮に送った。

日本一（荒ぶる）に向けて
一、心（精神力）・技（技術）・体（体力・脳力）の充実
一、勝つためには四つの気が大事
「やる気」「その気」「勇気」「負けん気」
一、苦しいから逃げるのではない
逃げるから苦しいのだ
合宿頑張ってください!!
二〇二一年八月吉日

R・O・B会長　神山郁雄

ちなみに、「四つの気」の言葉は、以前、野球の野村克也と食事した際に「神山さん、勝つには四つの気が大事なんや」、と聞いた話に、私も思わず「そうですね」と答えたのだが、それを記したものだ。野村克也は偉大な野球選手であり、偉大な監督者であり、偉大な哲学者でもあった。野村には、私が会社現役時、スポンサーの各部長を招いて、主催したセミナーの講師として講演を頼んだことがある。

さて、秋シーズンは当初開催できるか心配したが、予定どおり行われホッとしたものだ。相良監督、丸尾主将他、部員の元気な姿があり、対抗戦では順調に勝ち進んでいくが、早明戦に敗れ、二位の成績で大学選手権に臨んだ。大学選手権では準々決勝、準決勝を勝ち上がり、二年連続決勝の舞台へと進んだ。二連覇は目前だったが、決勝の相手は天理大が明治を下して勝ち上がってきた。天理大は、FW・BK一体となった素晴らしいチームで、天理大史上最強と謳われた。試合は、早大も善戦したものの28対55と大敗し、連覇への夢は潰えた。

こうして、大激動の二〇二〇年度シーズンは幕を閉じた。懇親会も開催できず、学生部員、監督、コーチ陣を労うことができず、私たちOB会としても、ただただ寂しさが募るものとなった。

早稲田ラグビーは勝つことによってこそ

翌二〇二一年度もコロナの状況は変わらず、日本そして世界中の人々にも、疲弊、悲壮感が漂い、先が見えない中での生活にどう対処していったらいいのか、複雑な思いは様々なものだったろう。

一方で、早大ラグビー部では、新監督に大田尾竜彦が就任する。前監督の相良は大学日本一、準優勝と責任を十二分に果たしてくれた。この功績に深く感謝したい。

大田尾は日本代表キャップも持つ逸材で、ヤマハのご厚意で監督に迎えた。監督選考は難しい面があるが、何度か面接の上、最終的に私が判断して大学も了承した。

主将には長田智希が選出された。長田は、現在埼玉パナソニックワイルドナイツ所属の選手で、二〇二三年のラグビーワールドカップフランス大会で活躍、「エディ・ジョーンズ監督JAPAN」でも不動の選手となりつつある。

私は、大田尾・長田のチームに期待を込めてシーズンの行末を見守ったが、監督一年目から学生とのコミュニケーションをすべてうまく運ぶのは、やはり難しい面もあるようだ。早大では、コーチも務めていなかったので、いきなりの指揮を執るのはかなりギャップがあったようだ。シーズンの結果は、対抗戦では二位になったものの、大学選手権では準々決勝で敗退する。

大田尾には奮起を促すしかない想いを胸に、私はこのシーズンを最後に会長職を退く。会長就任時に、七十歳の定年制を規約に定めそれを実行しただけだ。

そして、バトンを豊山京一（前述）に渡す。会長職は代々OB会の東京本部が担ってきたが、初めて九州本部の重鎮を起用した。すべての代からの信が厚い男であるが、私の要請を受けてもなかなか首を縦に振らなかった。そして、私の時もそうだったが、若手（といっても六十歳前後だが）に福岡まで足を運ばせて説得させたものだ。やはり、若手には弱いようだ。

豊山は福岡での仕事があり、また母校の福岡高校ラグビー部のOB会長も務め、百周年事業が迫っていることもあって二年間で退いた。定年まで一年残っていたが、了承した。豊山は、二年間で私の時代のOB会を、さらにスケールアップしてくれた。何度、福岡から足を運んでくれたのだろうか。改めて、御礼を申し上げたい。

現在は、寺林努が会長に就任した。寺林は早大高等学院から入部し、四年時には主将を務めた。卒業後は東京海上日動火災保険に進み、常務まで駆け上がり、退任した。

あとのことは豊山と寺林に倶楽部の運営を任せた。私は現在顧問として残っているが、一応援者としてこれからも早大ラグビーを見守っていきたい。

二〇二三年に、豊山の意を受けて、「早稲田ラグビーを思う」という小冊子を執筆した。少し抜粋しつつ、この章の締めくくりとしたい。

早稲田ラグビー部の最大の目標は勝つこと、即ち日本一（荒ぶる）の獲得です。勝つことによって、早稲田ラグビー部の文化ができたと言っても過言ではありません。現在の大学ラグビー環境は、いい意味で「群雄割拠の時代」であり、帝京大など素晴らしい成績を残しているが、伝統校の筆頭である早稲田も、その座を死守していかねばならない。これまで、幾多の困難を乗り越えてきたのは、「弛まざる進取の精神」、「創造」をもとに、築いてきたのは、早稲田ラグビーの伝統であり、今後もそれを継承していかねばならない。

目標に向かって、「常に全力を尽くし」、「最大限の努力」をし、一人ひとりが「己に厳しさを課し」、鍛練に励むことです。

あわせて、「考えるラグビー」を実践していく。これが早稲田ラグビーの原点であり、真骨頂であり、結果、「心・技・体の向上」に努める。これがまさに、早稲田の伝統なのです。

一方で、早稲田のラグビー部員は、学生の本分である学業との「両立」をしっかり果たし、立派な社会人になることが求められます。一般学生と違い、部員は、スポーツと学業を両立させる経験を持てることに、〝誇り〟を持ち、それを喜びとし、大学生活を全うすることに全力を投じてもらいたい。

大学四年間では、わからなかったものが、社会人になって、早稲田ラグビーの持つ素晴らしさ、そして経験してよかったと、気づくことでしょう。

そして、大学を卒業すれば、仕事中心は無論だが、あわせてラグビー倶楽部の一員として、後輩（学生）のために尽力していく。これが、学生スポーツ、とりわけ早稲田ラグビーの魅力なのです。

このようなことを、一部寄稿して、小冊子にまとめてもらった次第であった。

「神山会」は続く

二〇二四年度は、大田尾監督四年目のシーズンだ。主将には、類い稀なるリーダーシップを兼ね備えた佐藤健次が就任し、部員を引っ張っていくことになった。

十二分に日本一を狙えるチームだと思う。私も観戦したが、菅平での帝京大との一戦は春シーズンでの大敗を払拭し、完勝した。いい意味で、自信を持ってシーズン本番に臨むことができ、来年の正月には、大田尾監督の胴上げ、そして皆で「荒ぶる」を熱唱したいものだ。

さて、話は私生活に戻る。私は現在七十二歳の後半に差しかかっているが、六十八歳の後半に、これまで通っていた「ワールドウィング」でのトレーニングを終了することにした。

十年近く通っていたので少しマンネリ化してきたこともあり、七十歳を目前に新しい挑戦をすることにした。いろいろ考えたが、妻の意見もあり、水泳を始めることにした。幼少の頃は、鬼怒川育ちであり得意だったが、なにせ大昔のことだ。泳げるか、まったく自信がなく初日を迎えた。案の定、二五メートルプールを一往復するのがやっとであった。

しかし、負けず嫌いな性格が頭をもたげ、次の週は七五メートル、翌々週は一〇〇メートルと、少しずつ距離を伸ばしていった。水泳は、腰痛にもよいといわれるが、泳いだあとはこれまでのトレーニングとは一風違った爽快感があった。これまではマシーン相手だったが、水泳は自分自身の力が試される。少しずつの努力が実り、一年後には一五〇〇メートルほどまで距離を伸ばしていく。週三、四度泳いでいるが、調子がいいと二〇〇〇メートルを超えることもある。

ただ、決して若くはないので、泳ぎ過ぎると疲れを感じるのはいうまでもない。この頃は少し自重し、平均一五〇〇メートルほどで終えるようにしている。今年の九月で丸四年のプール通いだが、今後も体力が続く限り続けていきたいと思っている。ただ困ったもので、泳いだあとのビールが格別にうまいのだ。ついつい度が過ぎてしまうのが玉に傷だが。

酒といえば、現在も週一度くらいのペースで都内に足を運んで仲間と飲む（多い時は、二度になることもあるが）。

テレビ朝日他、社会人時の友人、早大ラグビーの先輩や後輩、他校の同期連中のラガーマン、とくに対抗戦グループのOB会長を務めた慶応中崎、明治江頭、一橋大OBの高橋、学習院OBの飯沼、武蔵大学の山下らとは、年数回、宴を共にする。彼らもOB会長を務めた男たちだ。忘れてはならないのが、慶応の仲小路だ（元味の素）、彼は幾多のガンを克服していまなお健在で、顔を出す。元々、この「飲み会」は、高橋、仲小路、私の三人で立ち上げた会である。

地元市川でも、テレビ朝日のサッカー解説でお馴染みの松木安太郎などと、年数回は地元の酒場巡りをしている。思えば、松木の祖父も元関取だったと聞いたことがある。

また、私は月一回、順天堂浦安病院に仙骨ブロック注射を受けに行く。ペインクリニック科の責任者は神山洋一郎先生だ。同姓だが縁戚関係があるわけではない。私より年上だが、先生は順天堂大医学部のラグビー部出身で、大昔、少し教えたことがキッカケで、以来五十年来の友である。先生とは年四、五回ほどの飲み会がある。整形外科の第一人者金子教授、スポーツ医学の高澤教授、循環器の関田教授がいつも加わり、酒が進む。四人の医者と対峙するのは、少し疲れるが全員、医学部のラグビー出身なので、話の大半はラグビー談議である。そういう意味では、私は逆にリスペクトされている（?）のである。三人は私より年下なので、いつも気楽な、実に楽しい酒なのだが、だいたい飲み過ぎる。神山、金子先生もなかなかの酒豪だ。神山先生の実家は、池袋で酒屋を営んでいたそうだ。

お陰様で（?）「神山会」と称される飲み会がいくつかできており、飲む相手には事欠くことはない。

秋のシーズンが始まると、試合観戦後は必ず飲みに行く。試合の論評に始まり、いつの間にか昔話になる。昔話というのは自慢話と同類だ。いつも同じようなパターンだが、これが実に楽しい。何より、早大が勝った時の酒は格別にうまい。

ただ昨今は、「行きはよいよい、帰りは怖い」である。これからは、年齢を考え、いい酒を飲むことにしよう!!

酒の話が出たところで、私の人生のふり返りにピリオドを打ち、最終章に進んでいきたい。

第5章
私の思い

パリオリンピックの「明」と「暗」

この章では、私が日頃感じていること、こうあってほしいこと、そして中には許せないことなどを、思いつくままに記していきたい。

まず、はじめにオリンピックについてふれてみたい。パリオリンピックの前半については前述したので、後半から全体の印象について述べてみたい。

後半で最も印象に残ったのは、男子棒高跳びだった。スウェーデンの鳥人デュプランティスが六メートル二五センチの超異次元の高さをクリアして、自身が持つ世界記録を更新し、金メダルに輝いた。私はライブで見ていてまさに鳥肌が立った。あの大観衆の大舞台で異次元の高さにたった一人で挑み、それを成し遂げてしまう。この精神力、能力は計り知れないものがあり、人間の限界が見えなくなったようだ。持って生まれた素質はあるのだろうが、どのような練習を行ってきたのか、どのようにメンタル面を鍛えていったのか、一部は報道もされているようだが、深く知りたいと思う。今大会での絶対的なＭＶＰだと私は思う。

また、陸上では、北口榛花のやり投げでの金メダルも圧巻の一語。北口は、元々後半に逆転するケースが多いが、このオリンピックの舞台では、一投目から全開だった。

物怖じしない性格、人懐こい笑顔は、これまでの日本人選手とは一線を画しているようだ。トレーニングの場が日本であったら、こうもいくまいと感じた。

自らトレーニングの場をチェコと定め、優秀なるコーチの下、切磋琢磨してきたのだろう。彼女は、英語、チェコ語を流暢に操ることも聞いたが、今後、こういう選手が一人でも多く出てくることを切望している。

一方で、あと一歩というシーンも見受けられた。男子バレーボールだ。準々決勝のイタリア戦で、あと一点が取れない。歯痒い試合だった。

もう一つはサッカー男子で、これまた準々決勝でスペイン戦だった。0対1の前半終了間際、細谷のゴールが決まったと思ったが、ビデオ判定での結果はオフサイド。このオフサイドは一ミリとか一センチの差といわれたが、オフサイドはオフサイドである。

この二つの試合を観て、皆も同様の思いだろうが、勝負は「獲れる時に獲らない」とこういう結果になることが多い。ラグビーの試合でも一点差のゲームは何度もあるが、「あの時、こうしていれば」などと言い訳がましいことを発するが、勝負に〝タラレバ〟はないということだ。バレーは二セット連取後、三セット目のあの展開で一点が獲れなかった。これも運ではなく、実力的にイタリアが上回ったということだろう。

各国とも、このオリンピックに向けて、大変な努力をしてきているので、結果は、率直に受け止めなければならない。しかし、改めて一点の重みを思い知らされた次第であった。これが〝オリンピック〟なのだろう。

さて、日本は、「パリ大会」で、金二十個、銀十二個、銅十三個、合計四十五個のメダルを獲得した。素晴らしい結果だったが、競技別に見れば明暗分かれるところだ。「明」はレスリング、進境著しいフェンシング、スケートボード、ブレイキンだろう。レスリングは人類最古の格闘技といわれ、古代ギリシャの時代まで遡り、紀元前三〇〇〇年から競技として成立していたようだ。

「一九六四東京オリンピック」の頃から日本のお家芸ともいわれ、昨今では、吉田沙保里ら女子レスリングの活躍は目覚ましいものがあった。今回も、金八個は素晴らしいの一語。選手たちの努力はいうまでもないが、レスリング協会の運営、強化方針がしっかりしたものだったのだろう。私もレスリング大好き人間だ。柔道より攻撃性があり、実に面白い。フェンシングも、今回の結果を受けて競技人口は増えるだろうし、将来も有望な競技になっていくだろう。

各競技団体は人口が減り、解決の目途も立たず、将来の不安が叫ばれて久しいが、羨ましい競技が出てきたものだ。これもフェンシング協会の、先を見据えた取り組みの賜だろう。ラグビーなどは高校生の競技者が少な過ぎて十五人が確保できず、そのうち全国大会は合同チームとして出場する県も出てくるだろう。

体操は、大会直前に女子選手の不祥事があり物議を醸したが、男子は団体で東京大会の雪辱を果たし、精一杯戦ったと思う。エース橋本は本調子ではなかったが、岡慎之助が「個人総合」を制し、この余りある活躍は面目躍如といったところか。このように、すぐスターが出てくることに感動を覚える。

反して、「暗」は柔道、水泳、そしてやり投げ以外の陸上だろう。

柔道は、阿部一二三、永瀬貴規が期待どおりの金、そして女子の角田夏実の金は立派だが、お家芸の競技の結果としては決して満足のいくものではなかったろう。

陸上では、北口以外にメダルを、と思ったが、やはり難しい。これが世界大会なのだろうが、私が一番残念に感じるのは、自己ベストを出せない選手たちだ。

国を代表して、オリンピックに出場することは名誉なことである。一方で、自分の能力を最大限に引き出すことが求められる。

突然の怪我、病気などに遭遇することは致し方ないが、やはり大会にピークの状態で出場しなければならない。

そういった面で、「男子一六〇〇メートルリレー」では日本記録を更新し六位に入賞、「女子マラソン」では鈴木優花が粘りに粘って自己記録を更新して六位入賞を果たしたことは、大いに評価したい。

陸上では、まだまだ世界とは遠い位置にいるが、選ばれた選手が意識改革していけば、一歩二歩近づけると思う。

私は評論するだけで申し訳ないが、とりわけ陸上、トラック競技の個人種目で世界の一流選手と伍して戦える、そして、「オリンピック」でメダルを獲ることを夢見ている一人だ。

そして、「暗」の最たる競技は水泳（競泳）だった。テレビ朝日時代、水泳に関わってきた一人として、この凋落ぶりには目を覆うばかりであった。前述したが、二〇〇一年に福岡で開催された世界水泳は、テレビ朝日が浮上していくキッカケを与えてくれたコンテンツだ。水泳に対する思いは、並々ならぬものがある。

しかし、今大会では銀一個のみの結果に終わった。要因は様々なものがあると思うが、一番の問題は日本水泳連盟だろう。オリンピック前年に開催された「世界水泳選手権（福岡）」で惨敗を喫し、あげくの果てに、一部の代表選手が公然と日本水泳連盟を批判。さらに代表コーチの派遺辞退にまで発展するなど、大きく揺れ動いた。また、オリンピック会場のプールの深さを現場に赴いて初めて知るという考えられない大失態を演じてしまった。これだけでも、大会で好成績を挙げることなど夢のまた夢だろう。

私も大変お世話になった、一昔前の水泳連盟はしっかりした組織だった。「世界水泳」でも「オリンピック」でも、選手は期待どおりの活躍を見せてくれた。

しかし、この一年間、どうなってしまったのだろう。現在、連盟会長は、元金メダリストで、元スポーツ庁長官だが、これほどまでにバラバラの組織になってしまったことに、責任を痛感し、早急なる立て直しを図ってもらいたいと思う。

競技については、以上だが、私にはどうしても腑に落ちないことが一つある。

オリンピック放送についての苦言

二〇二三年十月、日本オリンピック委員会（ＪＯＣ）の山下泰裕会長が頸椎損傷で手術を受け、「オリンピック」での職場復帰を断念した。

これまでの実績もあり本人は大変悔しい思いだろうが、自分なりの決断がほしかった。

オリンピックには三屋裕子副会長が代行したが、JOC会長が不在のオリンピックになった。大会直前であれば、ある程度納得もできるが、結局一年近く経ってしまった。

選手たちにとってはなんら影響のないことだが、トップ不在という状況では志気が上がることはなかっただろう。

本人にとっては辛い決断になると思うが、なぜ潔く自ら身を退き、早急に後釜を作り、任せることを考えなかったのか。なぜ、ズルズルと引き延ばしてきたのか。なぜ、これほどの人物が何も発しないのか。

私には、まったく理解できない。裏でどんな力学が働いていたのか、私には知る由もないが、ここで〝一石〟を投じたい。

次にメディアの対応について一言申し上げたい。

「オリンピック」放送は、NHKと民放キー局各社が共同制作する「ジャパンコンソーシアム（JC）」方式をとっている。NHK・民放が膨大なる放送権料を負担し、負担分に比例して、各競技の番組を編成する。BSを含めNHK編成が多いのは、放送権料の負担が大きいからだ。

それはさておき、ここで述べたいのは取材体制である。競技中継に関しては、特段問題はないものの、アナウンサーの質が落ちているのは気のせいだろうか。

民放各局は、おのおのメインキャスターを起用し、元オリンピック選手を中心としたリポーター陣を配する。このところこの構図はずっと変わることなく続いている。「四年に一度の祭典」と謳われるオリンピックだが、テレビ局は単なる一種のお祭り騒ぎだ。しかも、日本選手に特化したものがほとんどだ。

某局のキャスターなどは、長年にわたり務めていることもあり、常識破りの言動が見られ、私などは不快感を覚える。試合中にインタビューしたり、記者会見では他人を顧みず自分だけ多くの質問をしたりと、まさに主役気取りだ。

リポーターも何をしに行ったのか、理解不能なコメントを発し、アナウンサーもわれを忘れ、絶叫するシーンが多く見受けられた。

一方では、元一流メダリストたちの解説やインタビューコメントは地に足がついたものが多く、〝さすが〟と思いホッとする。

一昔前のオリンピック放送は、ＮＨＫ・各民放のエース級のアナウンサーが出揃い、競技中継には思わず聞きほれるほどの名調子が多かったものだ。インタビューでも、相手の心情を読み取り、適確なコメントが多かった。昨今では、インタビューを聞くだけで疲れを覚えるのは私だけだろうか。

「オリンピック」という大舞台の中継では、自局のエースアナウンサーをメインに据え、随時、有能な元選手たちを起用し、ドッシリとした中継を心がけるのがよいのではないだろうか。諸問題は多々あると思うが、タレントを起用することは熟考を願いたい。番組経費の一助にもなることだ。

私も現役時代、以上のようなことを考えていたが、現場から一笑に付されることもあり、実現していくにはハードルが高いことは承知の上である。

オリンピック以外のスポーツ番組も然り。タレントのゲストが出演すると、何を見ているのかわからない気分になる。

結果的に、私などは、NHK BSと民放が同時放送する場合は、自然とBSを見てしまう。元民放マンとしては、まことに恥じ入るばかりだ。

テレビ局が守るべき矜持

この項の最後に、誹謗中傷問題についてふれてみたい。

先日国際オリンピック委員会（IOC）が発表したが、今回の「パリオリンピック」において、ネットでの誹謗中傷が八千五百件に及んだという。ＳＮＳの普及による影響が〝大〟であるが、なぜ誹謗中傷に及ぶのか投稿者の心理を調べてみたところ、四つほどあるようだ。

①歪んだ正義感や、自分の正当性を主張したい。
②収入や容姿、学歴などにコンプレックスがあり、人に対する嫉妬心が攻撃的になってしまう。
③ストレスの発散の方法を知らない。
④相手の反応を楽しむ愉快犯である。

想像どおりの心理だ。投稿者の心理もわからなくはない点もあるが、決して許されるべきものではない。とくに、愉快犯的なものは言語道断だ。

一方で、それらに対しての対策としては、

①無視する・反応しない。
②投稿の削除。

③損害賠償請求・刑事告訴。

となるが、それで問題は決して解決はしないだろう。「書くのは自由」で「罪も気にしない」など、投稿者の心理が改善するとはとても期待できない。まさにネットの脅威である。

ただ一つ、私が思うには、①を徹底することだろう。これを書くと、またテレビ批判になるが、テレビはワイドショーなど連日SNSでの誹謗中傷を取り上げる。ワイドショーの番組は、朝から夕方帯まで、どれほどの時間を占めるか想像がつくだろう。

要するに、テレビがネットの後追いを喜んでするので、投稿者は増長するばかりなのだ。テレビ局は独自の取材が少なくなり、「週刊文春」「週刊新潮」など週刊誌の後追い、そしてネットの後追いの内容が多く見られるようになっている。

少し話は変わるが、週刊誌、ネットの後追いの象徴的な出来事として、二〇二三年世間を騒がせた「ジャニーズ問題」が挙げられるだろう。はるか以前、「週刊文春」「ニューヨークタイムズ」などで報じられたものの鳴りをひそめていたこの一件は、二〇二四年に入り、英国BBCが「ドキュメンタリー番組」で報じたことに端を発し、大騒動に発展する。

週刊誌やネットで次々と事実が明るみとなると、当初様子見していたと思われるテレビ局があっという間に主役の座を奪い、連日の報道を繰り広げる。最初は、局によってバラツキが見られたが、以降は朝から晩まで大騒ぎだった。

当初、様子見していたと思われるのは、ジャニーズ事務所との関係を考慮すれば、理解できなくもない部分もあるが、まさに手のひら返しだろう。

視聴者から見れば、テレビ報道の真実や手法など、マスメディアの代表であるテレビに対する、信用、信頼が薄らいだ方も少なくはないだろう。

一方で、「喉元過ぎれば何とやら」で、また同様のことが起こり、その繰り返しなのかとも思う。元当事者として、責任と歯痒さを、痛感する今日この頃だ。

話は戻るが、ネットは特殊な人からマス（大衆）へと変貌を遂げているが、最大のマス媒体であるテレビ局は、一線を画して誹謗中傷などは無視し、反応しないことが少しでも歯止めをかける有効な手段ではないのかなと、勝手に思ってしまう。

いずれにしても、被害者の心情を思うと、この問題を放置しておくわけにはいかないし、対策を講じなければならない。

これをもって、オリンピックの項を終わりとしたい。

袴田さんの無罪判決に思うこと

今日は二〇二四年九月二十七日だ。昨日、嬉しいニュースがあった。袴田巖さんの無罪判決である。私は「袴田事件」に関する本を何冊か読んだことがあり、非常に関心を持って昨日の判決を心待ちにしていた。静岡地裁裁判長の毅然とした態度での判決理由、そして五十八年にも及ぶ獄中生活に対しても涙を浮かべ謝罪した姿には、私も涙を禁じ得なかった。姉の秀子さんも、この判決に「神々しく聞こえた」と話し、万分の一でも報われたことだろう。

一方、検察・警察側のことを思うと、「神様、僕は犯人ではありません。僕は毎日叫んでいます」という袴田さんのことをどのように扱い、五十八年の間、どのようにいたぶってきたのか、想像に難くないし、決して許されるべきではないだろう。

検察側は、この稀なる冤罪事件の判決を率直に受け入れ、そして控訴を断念するべきだ。

今、日本は検察が起訴すると、九九パーセントが有罪の判決を受けるそうだ。私たちは裁判官や裁判員を信じるしかないが、検察・警察の闇の部分もあり、こういう冤罪事件だけは起こしてもらいたくない。警察・検察ほど正義を守らなければならないことは、いうまでもない。

さて二十一世紀に入って、早や四半世紀が終わろうとしているが、この四半世紀だけでも大きな出来事が続発している。

政戦と政治関連では、二〇〇一年の「アメリカ同時多発テロ」に始まり、マドリード（二〇〇四年）、ロンドン（二〇〇五年）、ムンバイ（二〇〇八年）、パリ（二〇一五年）と立て続けに爆破テロが発生する。

自然災害も、インド西部（二〇〇一年）、スマトラ沖（二〇〇四年）、ハイチ（二〇一〇年）、そして東日本（二〇一一年）、トルコ・シリア（二〇二三年）などで大地震が多発した。「ハイチ地震」の死者はじつに三十一万人を超えた。

また、気候変動によるヨーロッパでの記録的熱波（二〇〇三年）は、将来を考えると看過できないものだ。

そして、二〇二〇年に始まった「新型コロナ」の世界的大流行では、前述のように五百万人強の命が奪われた。

さらに二〇二二年からのロシアによるウクライナ侵攻や二〇二三年にはパレスチナ・イスラエル戦争」が勃発し、現在も続いている。どれだけの犠牲者を出せば気が済むのか。終わりが見えない。

今後、「世界大戦」を二度経験した二十世紀を超える悲惨な出来事が待ち受けているかも知れない。

日本では、少子化やGDP（国内総生産）の低下が叫ばれ久しい。GDPは現在四位だが、米ゴールドマン・サックスの調査では、二〇五〇年には六位、二〇七五年には十二位に後退すると予想されている。

そして、想定される「南海トラフ地震」や「インド太平洋」「北朝鮮」での有事の可能性など数え上げたら切りがなく、身がすくむ思いだ。

そのような状況の中、日本は今後どのように進むのか。今後の舵取りをする、政治の責任はますます大きくなっていくだろう。

奇しくも昨日（九月二十七日）、自民党の総裁選があり、石破茂が新総裁に選出された。石破は苦節何十年かわからないが、五度目の挑戦で総裁の座を射止め、十月一日には総理大臣に指名された。

私は、個人的にも、石破しかこの難局を切り開いていく人物はいないと思う。ぜひ、期待を裏切らない活躍をしてもらいたいと願っている。

ただ、どんな言葉を並べようが、まずやるべきことは「裏金問題」の真相解明だろう。何も恐れることはない、バックには国民がついている。この問題をないがしろにすれば、あっという間に取り返しのつかない事態になるだろう。「結局、自民党は、誰が総裁になっても変わらない」といわれないよう、腹を括ってもらいたいものだ。

立憲民主党も、野田佳彦が代表に就任した。決定したからには、党内のしがらみを捨て、挙党一致で与党に戦いを挑んでもらいたい。立憲の一番の問題は、まとまりに欠けることだ。枝野は高校の後輩であるが、彼の動向が焦点の一つになると思う。

石破・野田両論客同士の国会論戦が今から楽しみだ。ぜひ、日本の将来がよき方向に進んでいくことを期待したい。

安倍・菅・岸田政権が残したもの

新しい時代に入っていくが、十年近くにわたって総理の座に就いていた安倍、その後の菅・岸田政権の総決算の意味がある。

二〇一二年に誕生した第二次安倍政権から、岸田政権まで十二年余経ったが、この間、失われたものは決して少なくはない。

外交の安倍と評され、時のトランプ大統領、プーチン大統領等と、蜜月な関係を築いたが、一方では貿易交渉、武器（戦闘機等）購入などアメリカのいいなりになったふしが見受けられた。また、プーチンとは三十数回に及ぶ会談を行ったが、北方領土問題他、何一つ進展しなかったのは不思議でならない。北朝鮮の拉致問題も然りだ。議員の多くが、拉致被害者救出の願いを込めた「ブルーリボンバッジ」を着けているが、何も進展はない。形だけなのだろう。

反して、「負」の部分は、ある面でいえば、「オンパレード」であった。無論、株価上昇など評価する面はあるものの、「負」の部分はそれらをはるかに超えるものだった。

GDPの四位後退、アベノミクスの評価、森友・加計問題、桜を見る会、旧統一教会との問題、強権的な政策遂行と共に一強政治の下での「公文書管理問題」、そして忖度政治など……、挙げれば切りがない。

そのつど、国会でも嘘八百を並べたて、時には怒り、その場その場を凌ぐ姿は、情けなく、滑稽にも思えてしまう。

極めつきは、メディアに対しての恫喝まがいの行為も見受けられた。自分が不利になる番組の情報が入ると、「公平・公正」の理屈をこねる。ある時などは、安倍の薫陶を得ている当時の高市早苗総務大臣が、放送局に対して免許停止をちらつかせることもあった。テレビ局も敏感なもので、忖度ではないかも知れないが、ついつい腰が引けた報道になっていたようだ。

安倍は某テレビ局のトップ数人と会食を重ね、話の内容は知る由もないが、友好の場を設けていたようだ。テレビ局のトップもよく受けたものだが、このような愚行を許してはならない。「政治と報道は、常に一線を画さなければならない」ことはいうまでもないことだ。

そして、安倍は、旧統一教会問題に端を発して、決してあってはならない事件だが、山上被告によって暗殺されてしまった。先日、柴田哲孝著『暗殺』を読んだ。フィクションだが、この暗殺の背景、事件に至る経緯、暗殺シーンなどが克明に記されている。その内容は、いろいろ考えさせられるもので、山上被告の裁判が延期になっているのも頷ける。

安倍を継いだ菅は、前任者の初動のまずさもあり、「コロナ」対応に追われた感があり、気の毒な面があった。

次の岸田文雄は、就任会見で「聞く力」など美辞麗句を並べたて、期待を持って見ていたが、なんのことはない。すぐに裏切られた。

ただ、外交面では、英フィナンシャルタイムズの記者によると、「安倍のようにイデオロギー性を持たなかったがゆえに、岸田はむしろ大胆不敵だった」と述べている。

外交政策では、ＥＵ（欧州連合）、ＮＡＴＯ（北大西洋条約機構）、オーストラリアそして韓国との関係改善などを成し得たことは、一定の評価がある。

しかし、結局は「人の話は聞かない」「何を考えているのかわからない」「嘘と虚構にまみれたその場凌ぎの言い訳ばかり」であり、安倍政権とどこが違うというのか。

あげくの果てに、裏金問題で自民党は大混乱に陥り、打つ手打つ手が国民、そして自民党内部を逆撫でし、総理としての誇りもなければ責任もない。ついには、総裁選不出馬で幕を閉じた。

元々、支持率も二〇パーセント台で推移しているのだろうから、不出馬も当然であろう。

一般企業であれば、即辞任か解任。スポーツの世界の監督であれば、即刻クビだ。

先日、朝日新聞の「多事奏論」に、岸田の退任会見に関して、高橋純子編集委員の記事が載っていた。

「民への謝罪は一言たりとてなし。自民党の裏金問題をめぐり、『組織の長として責任を取ることに、いささかの躊躇もありません』とキザに語ったけれど。民への感謝も一言たりとてなし」

（「朝日新聞」二〇二四年八月二十四日）

岸田は、よく「丁寧な説明」「真摯に受け止め」「しっかりと」といった決まり文句を多用するが、本当にこの言葉の意味がわかっているのか疑問だ。

他の政治家も、よく「しっかりと」という言葉を使うが、彼らからすれば単なる枕言葉なのだろう。

話は自民党総裁選に戻るが、前述のように、党全体として裏金問題を解決できない、解決しようともしない姿勢では、石破総裁になっても変わりばえしない。岸田は改正政治資金規正法で、改革を誇らしげに語っていたが中身はゼロ。挙げ句の果て、政治活動費の領収書に至っては、十年後の公開という驚くべき案を提出し、一部を除く野党批判を押し切って規正法を成立させてしまう。まさに笑止千万だ。

また、裏金議員は口を閉ざし、責任を取ろうともしないで、次の選挙に向けて、着々と戦略を練っているのだろう。

書くだけで不愉快になるが、さらに先日、政治資金パーティを催した三大臣が会見を開いて、ますます腹が立った。武見厚労大臣は「金庫が空になったから」、鈴木財務大臣は「(問題を疑問視する)声はどこにあるのか?」と開き直り、松本総務大臣に至っては「政治資金規正法などの法令に基づいて報告したい」と、記者の質問には、この一言を繰り返す。しかも毎度〝メモ〟を読むだけ。二〇〇一年に、「国民の疑惑を招きかねないような、大規模なものは自粛する」と大臣規範に定められ、閣議決定されているにもかかわらずだ。この姿を見るだけで、しかも大臣の職に就いている者がいうべきことではなく、まことにもって恥ずべき事態だ。

しかしながら、このような事柄は、政治に関心があるないにかかわらず、この本が刊行される頃には、ほとんどの人の記憶には残っていないと思う。

ちなみに、武見は慶応ラグビーのOBであり、私と同期でいっしょに戦った旧知の仲である。少し寂しい思いに駆られた。

しかも、自民党内部からも、一部議員を除いて厳しい意見を出さない保身ばかりを考えるだけの議員では結果も同じであり、総裁も苦しいだろう。

自民党総裁選でも、実現できない(?)公約を並べたてるたびに虚しい気分になった。

前出の高橋の「多事奏論」の記事には、思わず笑ってしまった。岸田をヒラメにたとえた上で、

「自民党総裁選は、魚へんに若（ワカサギ）、青（サバ）、弱（イワシ）、堅（カツオ）、反（ハマチ）、危（ハヤ）……候補者乱立の様相だが、しょせんは汚れが目立ついけすの中の争いである。大海原に船をこぎ出せば、もっと活きのいい美しい魚がいるやもしれぬ。見つけ出す努力を主権者は怠ってはならない」（前掲）

と記してあった。まさにいい得て妙であった。

明るい未来を創ってくれる政治家

先日、林新、堀川恵子共著の『狼の義 新 犬養木堂伝』を読んだ。元総理犬養毅の物語で、「5・15事件」で凶弾に倒れたが、生涯清廉潔白を通し、軍閥や財閥批判を堂々と展開した政治家犬養毅の評伝だった。

国民が望むべき指導者、政治家は、公正誠実であり、実行力があり、清廉潔白であり、国家観や世界観に秀でた人だろう。

あまりにも贅沢なことを申したが、トップに立つ、しかも国のトップに立つのだ。一億の国民を率いていくには、それなりの人物が必要だ。

先日、朝日新聞に、経済同友会代表幹事でサントリーホールディングス社長の新浪剛史のインタビュー記事が載っていた。秋の自民党総裁選において「どのようなリーダーを望むか」の問いに対し、「不都合な真実を伝えられる人がよいと思う。その上で、『私はこうしたい』ということを発信できる人が望ましいと思う」とあった。まったくの同感である。

また、元京都大学総長で人類学者の山極寿一《じゅいち》は、「民主主義とは多数決により押し切ることではなく、どんなささいなことにも目を向けて熟議を怠らない仕組みだ。民意をおろそかにし、派閥や党の方ばかり向いているリーダーではこの時代を乗り切れない。（中略）政治のリーダーは国が進む道を未来のビジョンとしてはっきり示す必要があるのだ。残念ながら総裁も代表もわれわれ国民が直接選ぶことはできないが、民意をしっかり受け止め、その資質を明確に示すリーダが選ばれてほしい」（「朝日新聞」二〇二四年九月十二日）と述べている。そういう面で、今回の自民党、立憲民主党の総裁、代表を、期待を込めて見守っていきたいと思う。

これまでの野党の体たらくが叫ばれて久しい。これだけ叫ばれて、一向に改革の兆しが見えてこないのは理解に苦しむ。政権交代のチャンスでもあるが、野党がしっかりしなければ政治の劣化は否めない。一例を挙げれば、立憲民主党代表選の候補者は二十人の推薦人が必要だが、自民党に倣って変えようとしない。世論に耳を傾け、よいと思ったら即実行する。些細なことだが、一事が万事である。

先日、朝日新聞のベタ記事で久米宏の話が出ていたので、それを記したい。

人気キャスターだった久米宏が自著でふり返っていることだが、視聴率が低迷していた際、スタッフに二つのことを求めたそうだ。曰く、内輪の事情ばかり考えず、自分たちの裏番組をちゃんと見ること、そして街を歩くこと、といったそうである。この記事は、政治について述べてあったものだが、今の野党にも同じことをいいたい。民主主義の「最大の力」は変われることだ、と。だから、野党には、政権交代の選択肢を堂々と国民に対し示していくことが大事だと。

これからは野田佳彦によって挙党体制を作り上げ、与党に堂々と論戦を挑んでもらいたい。揚げ足をとるだけでなく、緊張感のある政治、国民が安心し信頼できる政治を切望してやまない。

また政治家は身分や優遇に固執せず、「身を切る改革」に取り組まなければならない。現在の国会議員数は衆議員定数四百六十五議席、参議員は二百四十八議席で、合計七百十三議席だ。諸外国と比較することは避けるが、国民はどう考えるだろう。

人口減少の局面に入り、高齢者が増えていく。その環境下、政治の世界はまったく変わらない。先般、衆議員の小選挙区において十増十減の区割りの変更があったが、私は十減とばかり勘違いしていたが、なんのことはない。

国会議員は年間四千万円以上の収入があり、ご承知のようにすべて国税で賄われる。

一般企業では、後退局面に入れば人員整理、待遇面の見直し案が待ったなしだが政治家は関係ない。国会議員が、自らが削減に取り組むべきではないのか。地方には、自治体の長である知事が存在する。できるだけ知事に権限を集中し、自分だけに固執する国会議員には退いていただく。立憲民主党の野田代表も、「国会議員定数の削減や世襲議員の禁止」を掲げているが、ぜひ実現してもらいたいし、本質的な政治改革を成し遂げてもらいたいと願っている。

日本は、今、待ったなしの状況であり、私も与党がいいとか、野党がいいとか、宣うつもりもないが、与党が慌てふためくような野党の頑張りが必要不可欠だ。いずれにしろ、衆議員の総選挙は近いうちに行われるだろうが、国民一人ひとりがよく考え、日本の将来のために一票を投じていただきたいと思う。

さて、そんなことを思っていた矢先、石破総理が突然の解散に踏み切った。総理は、就任当初、与党野党による予算委員会での論戦を経て解散すると思われたが、一転して党首討論のみを経て総選挙に打って出た。この経緯は記すまでもないが、結果はご承知のとおり与党の過半数割れの結果となった。

この原因は、ありとあらゆるところで報道されているのでいまさらの感もあるが、一番驚いたのは、悪しき慣行に従ってきた多くの自民党議員の中では「良識派」「公正さを重んじる」と一定の評価を得ていた石破の豹変ぶりだ。政界は魑魅魍魎だが、どんな状況下におかれても、総理はナンバーワンの人間だ。それが機能不全に陥るようでは、国民の落胆ぶりは当然だろう。

突然の総選挙、そして最後は思いもよらぬ二千万円問題などまさに自滅としかいいようがない。この自滅によって、これまでの裏金問題と合わせ、立憲民主党の議席が大幅増となった。一方で立憲民主党の力が評価されたわけではなく、自民党にあきれ果て、野党にも政権を任せたくない国民が投票を止め、五〇パーセントそこその投票率になったことは、この国を担っていく国民の意識の欠如に、心底怒りがこみ上げてくる。

翻って、裏金議員の一人、丸川珠代の選挙戦など、議員時代の傍若無人ぶりから一転、涙をもってお願いするだけのシーンを見せられると怒りよりも情けなくなるばかりで、投票への足が止まるのも頷ける一面はある。

さて、今後の政局の混迷は避けられないが、政治資金規正法、経済、外交で課題が山積している。そして、将来すべての面につながり、これまで目に見える形で取り組んできたとは思えない「少子化」は喫緊の問題だ。そういった問題に、石破総理はどう舵取りをしてゆくのか。私たち国民は与野党問わず、この国がいかに「明るい未来を創ってくれるか」を望んでいる、そして期待しているはずだ。

石破総理には強烈なリーダーシップを発揮いただき、自身が常に述べている「皆が笑顔で暮らせる国に」が実現できるように願ってやまない。

アメリカではトランプが大統領に就任する。アジア、ロシア、ヨーロッパ、中東など今後何が起きるか誰もわからない。二十一世紀は、まだ四分の一ほどであり、今世紀中には想像を絶するような世界になり得る可能性もなくはない。政治には先々を見据えた、しっかりとした日本の役割を果たしてもらいたいと改めて願っている。

テレビの未来を考える

さて、私はテレビ局のOBなので、現在のテレビにもう少しふれてみたい。ここ十年以上にわたって、民放各局は、「同じような番組をやっている」という話をよく耳にする。

一昔前のように各局それぞれの特徴があった時代、テレビ朝日でいえば報道情報番組や少し高齢者向きだが数々の名作ドラマ等を制作してきて、大いに評価されていた。

しかし、テレビ全体の視聴率が漸減傾向にあり、かつテレビ局を支えてきたスポンサーの変化(個人視聴率重視)に伴い、バラエティー番組、若者向けドラマなどに特化せざるを得ない状況にある。

しかも、ネットフリックスなどの出現によって、とくに若者のテレビ離れは顕著である。前述したが、ネットフリックスの制作費は、民放テレビ局の制作費とは桁が違い、また、タブーな内容にも平然と取り組み、ネットフリックスの虜になる視聴者も多いようだ。

そのような厳しい局面がある一方、テレビはやはりマス（大衆）の王者だ。テレビの持つ効果は図り知れないものがある。番組内である店を紹介すると、翌日からその店に多くの客が押し寄せる、などという話はよく聞く。テレビが持つ力の、一つのエピソードであろう。

しかし、民放が押しなべて、金太郎飴的な番組ばかりでは、早晩苦境に立たされることは否めないだろう。

今後、どういった番組編成がいいのか、今の私には考える頭もないが、新しい発想を持ち、世の中に精通した、次の世代に期待するばかりである。

私は地上波、ＢＳを問わず、報道情報系番組をよく見るので、一言申し上げたい。

とくに政治に関わる番組では、政治ジャーナリストと称されるコメンテーターなどが出演する。地上波、ＢＳの報道情報番組は数多あるが、出演するジャーナリストは、Ａ氏、Ｂ氏、Ｃ氏、Ｄ氏……の四、五人が多く起用され、各局の朝昼夜帯に出演する。よくもまあ、掛け持ちで出演するものだが、商売は商売だ。内容はというと、現状分析が主で、「こうあるべし」などの提言は、あまり聞くことはない。長きにわたる政界との関係、取材力は評価するものの、同じ人間があちこちの番組に毎日のように出演し、能弁を垂れる様は、ある種滑稽だ。

一昔、二昔前の政治評論家には、細川隆元、細川隆一郎、森田実、屋山太郎、私の好きな佐高信、田中秀征他、歯に衣着せぬ物言い、そして舌鋒鋭く本質を説き、「あるべき姿」「やるべきこと」を堂々と主張し、提言する様が思い起こされる。こういった人物を思い出すと、「私も年をとったなあ」と感じる。

名前だけでなく、例えば若者を代表する、新しい発想をもった人物、また局の政治部の人間を少しでも多く起用し、自前の人間を育て上げることも肝要である。少しでも制作費削減にもなろう。

また、昨今の報道番組ではメインキャスターの考え、主張がほとんどなく、番組の進行役を担っているだけで、面白味に欠ける。ひと頃の「久米宏のニュースステーション」「古舘伊知郎の報道ステーション」のような番組が、妙に懐かしくなるのは私だけではないだろう。いろいろな力学が働いているのはわかるが、一視聴者として、少し緊張感を持った報道番組が見たいものだ。テレビ局が忖度するようなことがあってはならない。

今、報道情報系の番組が入り乱れている大きな要素の一つは、番組制作費の問題だろう。時間帯を多く使うことができ、制作費はドラマより相当削減できる狙いもあるが、同じ内容を繰り返すだけでは視聴者もそのうちウンザリするだろう。

視聴者も賢くなっているので、たまには、重味のある、そして時流に乗った、企画を盛り込むことも一考だろう。

私は、最近ネットと新聞で情報を得るので、情報系番組では大谷翔平のホームランを見るくらいだが、先ほどのような企画でもあればまた復活するだろう。メインキャスターなどが、ボードを使って延々としゃべり続ける競演をし、元三流スポーツ選手が、われを忘れたように大声で主張する様はただただ滑稽なので、今はほとんど見ることはない。これまた、昔のワイドショーが懐かしい。

直近の九月二十七日、久しぶりに「報道ステーション」を見た。この日は、自民党の総裁選つまり新総裁（総理）の誕生だった。ＢＳの報道番組を見たあと、「報道ステーション」を見たわけだが、驚いた。

番組冒頭、なんと大谷のドジャース地区優勝を延々十五分間にわたって放送した。総裁選を追いやったわけだが、この対応には賛否があるだろう。ネットではすぐに反応があったようだ。「報道のテレビ朝日」も変わったようだ。スポーツも報道であるとはいえ、国の総理を決める一大事を二番手に追いやったわけだから、私もコメントのしようがない。

たしかに大谷翔平は本当に凄いものだ。プロ野球評論家、スポーツジャーナリスト、現地の解説者、アナウンサーも、すべてのプロ中のプロたちが、彼の成し得る偉業に発する言葉がなく、ただただ驚き、「凄い」の類の言葉を連発するだけだ。

先日、追手門学院大学の児玉光雄(臨床スポーツ心理学)の大谷に関する新聞記事が目に留まった。彼は、大谷が大リーグに挑戦した二〇一八年から、その発言に着目をし、思考や行動パターンを分析してきた。そこには、一流アスリートならではの特徴が見受けられるという。

大谷は結果を「二の次」と考え、球をバットの芯で捉えて一定の角度で飛ばすことだけに集中しているという。

「『~しなければいけない』では、重圧で体が思い通りに動かない。大谷は自然体でいられるからホームランを量産できる」とあった。

また、「普通は結果に対して、『よかった』『悪かった』と一喜一憂しがちだが、ただ、それが努力を怠ったり、意欲を落としたりすることにもつながる。一方、一流アスリートは、『できた』『できなかった』と分類する傾向にある。失敗の原因を見詰め、克服することで、成功につながるからだ」とある。

児玉は、大谷を「少年の心を持つスーパーアスリート」と表現している。

大谷は、試合がある時は、必ず一番先にロッカーに着くそうだ。ストレッチをはじめ、身体の手入れ、そして鍛える。また対戦相手を綿密に調べ上げ、研究を怠らない。こうして、万全を期して、連日の試合に臨むそうだ。

チームメイトも、彼の努力を見ているからこそ信頼が厚い。チームメイトも大谷を夢見て努力に励んでいるようだと、私なりにも調べてみてわかった。

またまた話が横道にそれ、こういう立場で勝手気ままに書いて大変恐縮だが、やはりテレビはマスの王者である。テレビがなくなることはあり得ないが、常に世の中の状況を鑑み、そして新しい発想を取り入れて「前へ前へ」と進んでもらいたい。

権力者のあるべき姿

最後に、世の中に対して一言申し上げたい。

昨今、企業による不祥事が相次いで見受けられる。そのつど、記者会見を開き、社長はじめ関係者が壇上に並んで頭を垂れ、最後に「二度と起こらないよう、再発防止に努め、社内徹底してまいります」と決まり文句をいう。

その後、記者たちとのやりとりで責任を問われると、「現在、再発防止の先頭に立って頑張っております」と答える。さらに、具体的な責任のとり方を問われると、目を疑いたくなる報酬の一部返上で終わり。最近では、三菱ＵＦＪ銀行の顧客の信頼を損ねた問題、トヨタの相次ぐ不祥事など、日本を代表する企業トップの責任のとり方にも疑問を感じざるを得ない。

本心は、そんなに重大な不祥事でないと、感じているのでは？　と勝手に想像してしまう。

最近、権力（者）とは何ぞや、と考えることがある。ネットで調べたら、「権力者とは、敵味方関係なく邪魔し得るものなら自分の願望をかなえるためにどんなに汚い手でも使う残忍な性格」とあった。

ロシアのプーチン大統領、北朝鮮の金正恩、ベネズエラのマドゥーロ大統領、そして見方によっては、イスラエルのネタニヤフ首相もその代表格であり、挙げたら切りがないほど世界には独裁者がいる。ややもすれば、安倍元総理もその部類かも知れない。

しかし、私の権力像はそうではない。会社でいえば「俺しかできない」「俺しかいない」ではなく、問題が発生した時には、トップの陣頭指揮の下、素早く原因究明に取り組み、一日も早く、問題に対処すべく、全力で取り組む姿勢だ。その責任を果たした上で、自分の出処進退を決めることだ。

トップの座に長く居座り、しこたま報酬をもらう。挙げ句の果て、不祥事の折りには責任を逃れる、これでは悪い権力者の典型だろう。

権力者は〝欲〟ではなく、後進を教育し、優秀な若者を育てて後進に託したら、潔く引退する。それが本当の「権力者」なのだろう。

日本の企業には、社長、会長そして名誉会長だの、肩書きがいくつもある会社が多い。大会社ほど多いのだ。いつの時代からなのか覚えはないが、最近ではＣＥＯ、ＣＦＯの肩書きも付く。しかし、会社で一番偉いのは、社の代表である社長のはずだ。少なくとも、会長職を作らねばならない時は代表権をはずすべきだろう。

会社組織は、その繰り返しで成り立ち、継続していくのである。どんなに業績を上げようが、どんなにチームを勝たせようが、永久に続くことはない。トップが常に「新陳代謝」を図ることが、「風通しのいい」「活き活きした」そして「嘘をつかない」組織に育て、その結果、素晴らしい業績を上げることにつながっていくのだろう。

いつの時代になっても、松下電器（現パナソニック）を興した松下幸之助、ホンダを興した本田宗一郎の本が売れているのは、日本が生んだ「稀代の経営者」であり、「本物の権力者」であったからだろう。

松下政経塾出身の野田佳彦は「信なくば立たず」を座右の銘とし、監督一年目でソフトバンクをリーグ優勝に導いた小久保裕紀監督は選手時代から読書家で知られ、「人生に起こることはすべて必然で必要。そしてベストのタイミングで起こる」といった。この言葉は「経営の神様」と呼ばれた松下幸之助の言葉であり、その言葉をモットーにしているそうだ。

このような経営者が日本企業にどんどん出現してくることを念じて、この本を締めくくりたい。

おわりに

六月六日に執筆を始め、十月一日に無事執筆を終えることができた。ただ、政局が動いたので、その部分のみを一部追加した。

毎日の執筆とはいかなかったが、一日二時間、多い時で三、四時間を要し、人生をふり返ることができた。当初一年ほどの予定だったが、相変わらず気が短く、そして集中力がまだあったようだ。

こうして、文章によって〝己〟をふり返ることは想像だにしていなかったが、不思議な感じだ。

できるだけ、記憶を呼び起こし、またラグビーの成績などは、『早稲田ラグビー百年史』『早稲田ラグビー史の研究』、第三章では『テレビ朝日社史』を参考にし、忠実に記した。

ただ幼少時代は、記憶と事実に多少の思い違いがあると思うが、加齢ということでご容赦願いたい。また、文中意のまま、ストレートに表現したが、これまた私の性格上ご容赦願いたい。

多岐にわたる内容になったが、書いていくたびに、いろいろな思い出が蘇り、ついつい長文になった。

会社人生の項では、スポンサーや広告代理店など、お付き合いのあった人との関わりをもっと記したかったが、差し障りもあり自重した。書き足りないものがあったが、いい思い出としたい。

タイトルは、当初シンプルに「わが人生」と思ったが、私は早大ラグビーに憧れ、また振り返った生き様を思い、『わが荒ぶる人生』とした。

執筆にあたっては、パソコンを使用せず、全編手書きによるものだ。私は今でも超アナログ人間なので、この方がより捗った。よって、原稿を書いてから校正まで時間を要し、年も改まり(二〇二五年)、私も七十三歳になった。

年初の成人の日(一月十三日)の大学ラグビー選手権決勝では、早大は帝京大の厚い壁に阻まれ、「荒ぶる」に酔いしれることはできなかった。

アメリカでは、トランプが大統領に就任し、世界情勢が大きく様変わりする気配が見え隠れし、大いなる不安と期待(?)を覚える。

日本では、一月二十四日、通常国会がスタートした。少数与党がこの国をどう舵取りしていくのか、これまた期待と不安の中、注視していきたい。

そして、メディア界に激震が走った。中居正広問題に端を発したフジテレビの対応である。たまさか、文中(第5章　私の思い)でそれらしきことに触れたが、元メディアの同僚として看過できない事象である。一方で、同業者の過熱する報道は、ジャニーズ問題を彷彿させ、目を覆いたくなり、悲しくなるのだ。

フジテレビには言うまでもなく、早急に真相を詳らかにし、視聴者やステークホルダーの信頼を回復し、一日も早く再出発を図ってもらいたいものだ。

最後に、文中勝手に登場していただいた方々に、お詫びと御礼を申し上げたい。

最後の最後に「いい話」を一つ記したい。

先日、妻と一杯飲《や》りながら談笑した。妻の友人の話だ。八人いる孫の一人が今年の四月に中学校の講師となり、初任給をもらった際、祖父母を招待して高級焼き肉をご馳走したとのこと。さらには、いつも世話になっている叔父にも、高級料理をご馳走したとのこと。孫がいつの間にかそのような人間に育ち、感動したらしい。何とも微笑ましい話ではないか。

その孫は、来年きっと思いやりのある、そして優しさを兼ね備えた立派な〝教師〟になっていることだろう。

世の中、若者を含め、まだまだ捨てたものではない‼

また、義理の叔母松本苑子が妻に、いつも私のことを、「カメちゃんは引き出しが多いのよ！」といってくれたおかげで、執筆ができた。改めて御礼を申し上げたい。〝6〟で始まり〝1〟で書き終えた。

神山郁雄

一九五二年、栃木県生まれ。栃木県立宇都宮高校卒業後、早稲田大学へ進学。同時に早大ラグビー蹴球部に入部。一九七三年度、主将を務める。早稲田大学卒業後、テレビ朝日に勤務。最終歴は専務取締役。
二〇一九年、早大ラグビーOB会（現ラグビー倶楽部）、第十七代会長に就任。

わが荒《あら》ぶる人生《じんせい》

My《マイ》 Life《ライフ》 & My《マイ》 Thought《ソーツ》

二〇二五年四月二十四日　第一刷発行

著者　神山郁雄《かみやまいくお》
発行者　堺　公江
発行所　株式会社講談社エディトリアル
郵便番号　一一二-〇〇一三
東京都文京区音羽　一-一七-一八　護国寺SIAビル六階
電話　代表：〇三-五三一九-二一七一
販売：〇三-六九〇二-一〇二二
印刷・製本　株式会社KPSプロダクツ

ISBN978-4-86677-161-8

KODANSHA EDITORIAL